Kochduell

Exotische Gemüse und Gewürze

von A bis Z

Rainer Mitze

Kochduell

Exotische Gemüse und Gewürze
von A bis Z

vgs

Die Abkürzungen in den Rezepten bedeuten:
EL = Esslöffel
TL = Teelöffel
Msp. = Messerspitze
Pr. = Prise
Bd. = Bund
Päck. = Päckchen
Stk. = Stück
TK = Tiefkühlkost

Dieses Buch erscheint zur Sendung KOCHDUELL, die montags bis samstags um 18.15 Uhr bei VOX ausgestrahlt wird.

Die Deutsche Bibliothek - CIP-Einheitsaufnahme

Kochduell [VOX]. - Köln : vgs
Exotische Gemüse und Gewürze von A bis Z / Rainer Mitze. - Orig.-Ausg. - 2001
ISBN 3-8025-1466-1

Originalausgabe

Redaktion: Alexandra Panz
Lektorat: Désirée Gloede, Birgit Herren
Produktion: Annette Hillig
Umschlaggestaltung: Alexander Ziegler, Köln
Layout und Satz: Veronika Richter, Köln
Umschlagfotos vorne: Octopus Publishing Group Limited/Ian Wallace
Einklinker: Katharina Hummel für VOX Fernsehen
Foodfotos: Food-Foto-Köln, Jürgen Holz
Gemüsefotos: Stephan Wieland, Düsseldorf
Foodstyling: Rainer Mitze
Printed in Spain
ISBN 3-8025-1466-1

Besuchen Sie uns unter: www.vgs.de
oder die Homepage im Kochduell: www.vox.de

Inhalt

Kochen – mit allen Sinnen genießen

Eine der schönsten menschlichen Fähigkeiten ist für mich die sinnliche Wahrnehmung. Und Sinnlichkeit geht – wie die Liebe – durch den Magen.

Jedes gute Mahl beginnt jedoch nicht erst mit dem Kochen, sondern bereits beim Einkauf. Hierbei werden unsere Sinne von Farben und Düften angeregt, und wir können uns vorstellen, was daraus werden könnte. Es ist doch ein aufregender und anregender Genuss, die besten Waren zu fühlen, zu riechen und zuzubereiten. Das Geräusch des Bratens, Brutzelns und Kochens und der neu entstehende Duft verheißen bereits große Geschmackserlebnisse.

Für unsere Augen gibt es kaum etwas Schöneres, als das Entstehen feinster Speisen zu beobachten und beim Anrichten die eigenen, kreativen Fähigkeiten auszuprobieren.
Und dann ist da noch die Freude des Herzens, den Genießern des Mahles Liebe und Wertschätzung „durch den Magen" zu schenken.

Beim Kochen kann man Sinnlichkeit lernen und zulassen. Am schönsten sind dabei die Stunden gemeinsamen Lernens mit Freunden. Lassen Sie sich verführen von geheimnisvollen Gewürzen, unbekannten Aromen, Blüten, Kräutern, Gemüsen und so vielem mehr. Durch mutiges Experimentieren wird so selbst das einfachste Gericht zum unvergleichlichen Geschmackserlebnis.

Lassen Sie sich von mir ein paar Anregungen liefern, seien Sie neugierig auf all das, was mit diesen wunderbaren Zutaten möglich ist. Probieren Sie es ruhig aus, experimentieren Sie ein wenig. Es müssen schließlich nicht immer Blumen sein, mit denen man seiner Zuneigung Ausdruck verleiht.

Trauen Sie sich und verlieren Sie ein wenig die Besinnung beim Kochen: einem wahrhaft sinnlichen Vergnügen!

Ihr

Rainer Mitze

In der Reihe KOCHDUELL bereits erschienen:

- Susanne Vössing: **Raffinierte Kräuter- und Gemüse-Rezepte,** 96 S., zahlr. farb. Abb., geb., ISBN 3-8025-1405-X
- Carsten Dorhs: **Pfiffige Kartoffel-Rezepte,** 96 S., zahlr. farb. Abb., geb., ISBN 3-8025-1406-8
- Wolfgang Kohlhepp: **Finger Food – fix und fertig,** 96 S., zahlr. farb. Abb., geb., ISBN 3-8025-1417-3
- Andreas C. Studer: **Barbecue – Das Grillbuch,** 96 S., zahlr. farb. Abb., geb., ISBN 3-8025-1419-X
- Thies Möller: **Das Fischbuch,** 96 S., zahlr. farb. Abb., geb., ISBN 3-8025-1418-1
- Franz-Xaver Bürkle: **Desserts – Von locker-leicht bis süß und cremig,** 96 S., zahlr. farb. Abb., geb., ISBN 3-8025-1446-7
- Stefan Wiertz: **Pasta, Pesto & Co.,** 96 S., zahlr. farb. Abb., geb., ISBN 3-8025-1447-5
- Christina Fischer, Hendrik Thoma: **Das Weinbuch,** 96 S., zahlr. farb. Abb., geb., ISBN 3-8025-1404-1
- Christina Fischer, Hendrik Thoma: **Der Einkaufsführer Rotwein,** 96 S., zahlr. farb. Abb., geb., ISBN 3-8025-1427-0

Exotische Gemüse und Gewürze von A bis Z

Hier erfahren Sie alles Wissenswerte über exotische Gemüse und Kräuter von A bis Z: Woher sie stammen, wie sie aussehen und schmecken, wo und wann sie erhältlich sind und wie man sie aufbewahrt. Aber vor allem: Wie man sie zubereitet, denn zu jedem Gemüse finden Sie auch einen Hinweis auf ein Rezept. Zusätzlich werden alle Gemüse und Kräuter auch im Bild vorgestellt, damit Sie sie beim Einkauf wiedererkennen.

Adzukibohne

Die etwa 2 cm großen Adzukibohnen sind dunkelrot oder schwarz und kommen aus dem fernen Osten. Sie sind das ganze Jahr über erhältlich und schmecken kräftig und süß. In der Küche finden diese Hülsenfrüchte hauptsächlich getrocknet Verwendung. Man bereitet sie wie die heimischen Bohnen zu.

Rezept: Adzukibohnen-Püree mit gerösteten Zwiebeln (s. S. 46)

Aubergine

Auberginen werden auch Eierfrüchte bzw. Eierpflanzen genannt. Es gibt ca. 250 verschiedene Sorten, die Sie in großen Blumentöpfen durchaus auf Ihrer Fensterbank anbauen können. Die Auberginen variieren hauptsächlich in der Farbe, im Geschmack unterscheiden sie sich kaum. Auberginen, die bei Fingerdruck leicht nachgeben, sind besonders gut. Die Früchte können eine Woche im Kühlschrank aufbewahrt werden. Sie sollten aber darauf achten, dass das Fruchtfleisch keine braunen Flecken hat, da die Auberginen dann wahrscheinlich zu lange gelagert worden oder bereits überreif sind. Auberginen sollten Sie in reichlich Olivenöl anbraten und kräftig, am besten mit Salz und Knoblauch, würzen. Sie nehmen nicht so viel Öl auf, wenn Sie die Scheiben vor dem Braten mit Salz bestreuen und ca. 20 Minuten stehen lassen. Die ausgetretene Flüssigkeit abwischen und die Scheiben anbraten. Zu Fleischgerichten, zu Fladenbrot oder ganz einfach mit Kräuterquark sind sie besonders lecker. Dieses Nachtschattengewächs eignet sich auch besonders gut zum Grillen. Die Schale sollten Sie wegen des hohen Vitamingehalts auf jeden Fall mitessen.

Rezept: Thai-Auberginen süß-sauer (s. S. 94)

Babymais

Normalerweise sind die Körner der Pflanze goldgelb, doch es gibt auch blassrote Körner, deren Zuckergehalt um 50 Prozent geringer ist, als bei den herkömmlichen gelben Körnern. Der Mais stammt aus Mittel- und Südamerika und wird erst seit dem 17. Jh. auch in Europa gezüchtet. Die Sorten, die wir heute kennen, gibt es sogar erst seit dem letzten Jahrhundert. Zuckermais wird meist zu Maisgrieß (Polenta) verarbeitet. Ansonsten wird Mais gekocht, gedünstet oder gegrillt. In den Sommermonaten und im Herbst ist frischer Mais im Handel erhältlich. Er enthält reichlich Vitamin B, Provitamin A, Eiweiß, Fett, Eisen und Kohlenhydrate. Babymais ist nicht nur wesentlich kleiner als herkömmlicher Mais, sondern auch süßer.

Rezept: Thai-Babymais im Zimtsud (s. S. 58)

Bambussprossen

Bambus ist in Asien beheimatet. Seine Sprossen werden geerntet, solange die Triebe saftig, zart und süß sind. Die Zubereitungsarten sind verschieden: In China werden die Bambussprossen als spargelähnliches Gemüse zubereitet, in Indien dagegen mit Essig und scharfen Gewürzen eingekocht. Die Sprossen erhalten Sie das ganze Jahr über frisch aus Brasilien oder als Konserve aus China, Taiwan und Amerika. Geschmacklich ähneln die Bambussprossen dem Kohlrabi. Sie eignen sich hervorragend zur Zubereitung von Wokgerichten, aber auch für Salate, Desserts und Suppen.

Rezept: Bambussprossen in Thai-Tempurateig (s. S. 43)

Bananenblüten

Die männlichen Bananenblüten haben ein kolbenförmiges Aussehen und können bis zu einem halben Meter lang werden. In der Regel sind sie aber etwa 20 cm lang und rötlich. Sie werden in Thailand angebaut, wo man die frischen Bananenblüten als Gemüse verzehrt. Bananenblüten sind bei uns ganzjährig im Asialaden erhältlich und sollten kühl und trocken aufbewahrt werden.

Rezept: Bananenblüten mit Tofu-Bärlauch-Aioli (s. S. 111)

Bataten

Es gibt verschiedene Sorten dieser Süßkartoffel: weißliche, gelbe und rote Bataten. Unter ihrer Schale sind sie weiß, gelb bis dunkelorange. Grundsätzlich gilt: Je heller das Fruchtfleisch ist, desto trockener ist es, und je dunkler, um so weicher und süßer. In Mittel- und Südamerika ist die Batate Bestandteil vieler Gerichte, und zum Thanksgiving-Fest in Amerika darf sie zum Truthahn auf keinen Fall fehlen. Angebaut werden die Süßkartoffeln unter anderem in Spanien, Portugal und Italien. Das Gemüse wird wie unsere herkömmlichen Kartoffeln zubereitet, man sollte sie jedoch nach dem Kochen schälen. Süße Sorten eignen sich fantastisch für Desserts und Kuchen. Obwohl die Bataten das ganze Jahr über geerntet werden, können wir sie hauptsächlich in der warmen Jahreszeit im Asialaden kaufen. Ihr süßlich-nussartiger Geschmack erinnert an Kastanie und Kürbis. Das Gemüse ist reich an den Vitaminen B, C und E, die gelbfleischigen Sorten enthalten besonders viel Vitamin A.

Rezept: Süßkartoffel-Schaum (s. S. 54)

Bittergurke

Die Bittergurke, auch Balsambirne genannt, stammt aus den Tropen bzw. Subtropen und wird dort wie herkömmliche Gurken zubereitet. In Deutschland wächst die Kletterpflanze an Spalieren und ist besonders zum Begrünen von Gewächshäusern geeignet. Die Pflanze trägt viele Früchte, die goldgelb heranreifen. Später reißt das orangefarbene Fruchtfleisch strahlenförmig nach außen hin auf und gibt den Blick auf die leuchtend roten Samen frei - ein wunderschöner Anblick über viele Wochen. Bittergurken eignen sich auch zum Einmachen.

Rezept: Bittergurken-Chutney (s. S. 85)

Bittermelone

Bittermelonen gibt es als grüne und weiße Sorte, wobei die grüne den intensiveren Geschmack besitzt. Allerdings schmecken beide bitter. Die weiße Bittermelone wird häufig für Suppen verwendet, während die grüne gebraten am besten schmeckt. Der Verzehr beider Früchte ist sehr erfrischend und durstlöschend. Die längliche, etwa 20 cm lange Frucht ist ganzjährig in den meisten Asialäden erhältlich.

Rezept: Bittermelonen mit asiatischer Trockenbolognese (s. S. 103)

Bohnen, schwarz

Die kleinen, schwarzen Bohnen sind im Geschmack sehr kräftig mit einer leicht süßlichen Note. Hauptsächlich werden die Bohnen in Zentral- und Südamerika sowie in China verwendet. Besonders beliebt sind sie in der mexikanischen Küche. Die schwarzen Bohnen lassen sich mit Chili, Ingwer, Knoblauch, Tomaten, Kreuzkümmel und Gewürznelken verfeinern. Schwarze Bohne können Sie im Asialaden ganzjährig kaufen.

Rezept: Schwarze Bohnen mit römischem Salat (s. S. 75)

Brokkoli

Brokkoli hat im Vergleich zu Blumenkohl doppelt so viel Vitamin C und 16-mal soviel Vitamin A. Üblich ist es, nur die Blütenknospen zu servieren. Es gibt verschiedene Brokkolisorten, z. B. violetten, gelben und weißen Brokkoli. Die Zubereitung ist sehr einfach: Blanchieren Sie die Brokkoliknospen und schwenken Sie sie dann in gesalzener Mandelbutter. Es lassen sich aber auch herrliche Suppen mit Brokkoli zubereiten.

Rezept: Brokkoli in Flammen (s. S. 108)

Cha Om

Cha Om heißt ein Akazienbaum in Thailand, dessen Ableger oder Stecklinge als Gemüse angebaut werden. Nur die jungen, würzig-aromatischen Triebspitzen werden abgeerntet. Cha Om wird wegen seines ungewohnten Geruchs auch Stinkkraut genannt. Im Geschmack schlägt sich dies allerdings nicht nieder. Beliebt ist Cha Om wegen seines hohen Gehalts an Mineralien, Eiweiß, Kohlenhydraten und Vitamin C. Man kann es hervorragend zum Braten im Wok verwenden. Im Asialaden ist es das ganze Jahr über erhältlich.

Rezept: Cha Om-Gemüse in Sesam- und Chiliöl (s. S. 97)

Chayote

Die Form der Chayote oder Susu erinnert an eine Birne, ihre Schale ist aber zerfurcht und oft auch stachelig. Das Fruchtfleisch ist weiß, klebrig und schmeckt leicht süßlich – ähnlich wie Kürbis, Gurke oder Zucchini. Ursprünglich stammt die Chayote aus Südafrika. Mittlerweile wird sie hauptsächlich in Brasilien und Mexiko angebaut und ist das ganze Jahr über auch hierzulande erhältlich. Die Frucht eignet sich als Salat, Kompott und mit etwas Butter als Gemüse. Sie schmeckt auch hervorragend zu Fleisch- und Fischgerichten.

Rezept: Chayoten in aufgeschlagener Balsamessigbutter (s. S. 88)

Chilischoten

Bei Chilischoten handelt es sich um die Beerenfrüchte eines Nachtschattengewächses. Im Geschmack variieren sie von „etwas scharf“ bis zu „unerträglich scharf“ ; die schärfsten sind die nur 1 - 3 cm langen, roten Vogelaugenchilischoten. Die Schärfe verursacht der Wirkstoff Capsaicin, auf den manche Menschen allergisch reagieren können. Um die Schärfe der Chilischoten zu mildern, schneidet man sie der Länge nach auf und entfernt die hellen Rippen und die Kerne. Chilischoten sind reich an Kohlenhydraten, Eiweiß, Calcium, Eisen, Provitamin A und Vitamin C. Fein gehackt entwickeln Chilis ihr Aroma am besten. Eingelegte Chilischoten sowie die frischen, größeren roten und grünen sind weniger scharf als die kleinen. Sämtliche Chilisorten gibt es übrigens auch getrocknet, wobei Sie darauf achten sollten, nur die großen Schoten zu kaufen, da die kleinen vermutlich zu scharf sind.

Rezept: Thai-Chili-Papaya-Guacamole (s. S. 85)

Chinakohl

Chinakohl ist eines der meist angebauten Gemüse der Welt und stammt vorwiegend aus Deutschland, Holland, Spanien, Österreich und Spanien. Er enthält viele wichtige Nährstoffe und Vitamine, z. B. Kohlenhydrate, Eiweiße und Vitamin C. Chinakohl ist länglich, mit gewellten weißen bis grünlichen Blättern. Man verwendet ihn vorwiegend für Salate, Suppen, Eintopf und als Gemüsebeilage, z. B. bei Rouladen, sowie zum Überbacken. Er schmeckt gedünstet wie roh überaus köstlich. Im Kühlschrank hält er sich bis zu 2 Tage.

Rezept: Chinakohlröllchen in Ingwerpesto (s. S. 99)

Chinesischer Brokkoli

Das Besondere an diesem Blattkohl ist, dass seine Knospen keinen Kopf entwickeln, wie das bei herkömmlichem Brokkoli der Fall ist. Beim Chinesischen Brokkoli werden vor allem die knackigen, leicht süßlich schmeckenden Stiele und die Blätter verzehrt. Solange die Knospen geschlossen sind, können Sie diese mitessen. Zudem eignen sich die weißen und gelben Blüten ausgezeichnet zum Dekorieren vieler Speisen. Der Geschmack ähnelt dem des Mangold. Der Chinesische Brokkoli wird in China und Japan angebaut und ist in Asialäden erhältlich.

Rezept: Chinesischer Brokkoli mit Erdnusspaste (s. S. 109)

Chinesischer Kohlrabi

Der chinesische Kohlrabi ist sowohl im Aussehen als auch mit seinem leicht süßlichen Geschmack unserem heimischen sehr ähnlich. Deshalb können Sie durchaus auch auf deutschen Kohlrabi zurückgreifen, zumal Deutschland das Hauptanbaugebiet ist. Wenn Sie Kohlrabi kaufen, sollten Sie unbedingt darauf achten, dass die Knollen rund, frisch und auf keinen Fall aufgeplatzt sind. Den Chinesischen Kohlrabi können Sie das ganze Jahr über in Asiageschäften erwerben. Kohlrabi lässt sich, eingewickelt in ein feuchtes Tuch, bis zu 4 Wochen im Kühlschrank aufbewahren.

Rezept: Chinesischer Kohlrabi im Korianderwurzel-Sud (s. S. 62)

Chinesischer Wasserkohl

Diese langstielige asiatische Kohlsorte gibt es in zwei Varianten: mit schmalen Blättern, wie auf dem Foto, oder mit breiten Blättern. Geschmacklich unterscheiden sich die beiden Sorten kaum. Bisweilen wird der Wasserkohl auch als Asiatischer Wasserspinat bezeichnet. Seinen Namen trägt er, weil er nur auf sehr nassem Boden gedeiht. Angebaut wird er u.a. in China und Japan. Man kann ihn roh, aber auch gebraten oder gekocht verwenden. Nach dem Kauf sollte man den Wasserkohl möglichst bald verzehren, da er nur frisch schmeckt und schnell zusammenfällt. Man bekommt ihn im Asialaden.

Rezept: Chinesischer Wasserkohl mit breiten Reisnudeln (s.S.101)

Curryblätter

Die getrockneten Curryblätter sind in vielen Asiageschäften erhältlich und ähneln in ihrem Aussehen den Lorbeerblättern. Sie werden in Öl angebraten und zu Currygerichten, aber auch zu Desserts gereicht.

Rezept: Weißer Wolkenohrpilzsalat (s. S. 68)

Daikon

Daikon ist eine japanische Rettichsorte, die im Aussehen länger, schmaler und dunkler sowie milder als der europäische Rettich ist. Das Fleisch dieses Rettichs ist zart, würzig-scharf, aber sehr bekömmlich. Es gibt ihn in verschiedenen Farben, wie z. B. weiß, rot, braun, violett und schwarz. Der Rettich kann 10 – 30 cm lang werden und hat eine zylindrische oder kugelige Form. Der Daikon wird roh, in dünne Streifen geschnitten zu vielen Gerichten, z. B. zu Fisch, Tempura oder anderen ölhaltigen Speisen, gereicht, da er die Verdauung fettiger Speisen unterstützt. Auch zu Salaten passt er hervorragend. Da der Winterrettich sehr scharf ist, ist es ratsam, den Rettich mit Salz zu würzen oder zu dünsten, um ihm die Schärfe zu entziehen. Sollten Sie Daikon im Asialaden einmal nicht bekommen, können Sie auch auf eine andere milde Rettichsorte ausweichen. Aus dem Daikonrettich können auch Sprossen gezogen werden, mit denen man insbesondere Suppen würzen kann.

Rezept: Daikonspiralen im Sake-Dip (s. S. 76)

Datteln

Es gibt verschiedene Dattelarten, wie z. B. trockene, halbweiche und Softdatteln. Die *Barhi Dattel* ist weich und hat eine braune Färbung, die *Medjoul* ist die größte und ist wenn sie frisch ist rot gefärbt. Die *Deglet Nour* erinnert geschmacklich an Nougatkrokant oder Lebkuchen, wogegen die *Black Dattel* schmelzend weich wie Kirschlikör ist. Im Kühlschrank halten sich Datteln bis zu einem Jahr. Sie können die Datteln bis auf den Kern essen, oder Sie verwenden sie klein geschnitten für Müslis oder Kuchen. Die weichen Datteln eignen sich auch gut zur Zubereitung von Pralinen: Zerdrücken Sie Datteln, Feigen, Rosinen und Haselnüsse zu Mus und rollen Sie die Masse zu kleinen Kugeln, die Sie in Kokosflocken wälzen – ein herrlicher Genuss. Auch als Einschlafmittel sollen Datteln wahre Wunder wirken. Trockendatteln bekommen Sie das ganze Jahr über, frisch sind sie dagegen nur von Ende August bis Oktober erhältlich.

Rezept: Dattelvariation in asiatischem Müsli (s. S. 117)

Durian

Durian wird in Südostasien vor allem als Aphrodisiakum geschätzt, doch hat sich die Frucht außerhalb Asiens nicht so recht durchsetzen können. Das liegt höchst wahrscheinlich an ihrem unangenehmen Duft nach altem Käse, faulen Eiern und Terpentin. Aus diesem Grund ist Durian zu Recht auch unter dem Namen „Stinkfrucht" bekannt. Doch unglaublicherweise hat Durian einen ganz einzigartigen Geschmack nach Vanillepudding, Mandeln, braunem Sherry und Zwiebeln, den man anhand des Geruchs gar nicht vermuten würde. Die Zubereitung ist etwas aufwändig, aber sehr lohnenswert: Ist die Frucht reif, platzt sie auf und wird dann der Länge nach halbiert, wobei Sie die stachelige Frucht am besten am Stiel anfassen. Das Messer sollte möglichst groß und scharf sein. Danach halbieren Sie die Fruchthälften noch einmal und ziehen das weißliche, nicht essbare Fruchtfleisch ab, bis die Kerne, die von einem dicken Mantel umgeben sind, frei liegen. Den dicken Samenmantel essen Sie am besten roh mit etwas Zucker oder Ahornsirup. Wenn Sie die Kerne in Scheiben schneiden und in Kokosfett rösten oder frittieren, erleben Sie noch einen weiteren Gaumengenuss. Man kann Durian das ganze Jahr über in Asialäden erstehen.

Rezept: Durian mit Zimtzuckerkruste (s. S. 116)

Eisbergsalat

Der Eisbergsalat ist eine Variante des Kopfsalates und hat knackige, fest übereinandergeschichtete Blätter, wodurch er nicht so schnell welkt. Seine Farbe ist je nach Sorte hell- bis dunkelgrün. Wenn Sie den Salat in Folie einwickeln, kann er sich bis zu 8 Tage lang halten. Am besten kombinieren Sie den Eisbergsalat mit Radicchio, das gibt ihm eine würzige Note. Die Zubereitung ist sehr einfach: Entfernen Sie die Außenblätter und lösen Sie so viele Blätter vom Salat, wie Sie essen möchten. Ein leckeres Dressing dazu und schon können Sie genießen. Eisbergsalat wird weltweit angebaut und ist in jedem Supermarkt erhältlich.

Rezept: Salsa aus grüner Gemüsepapaya (s. S. 83)

Enokitake-Pilz

Der Enokitake-Pilz ist dünn, lang und weiß und seine Kappen haben einen Durchmesser von nur ca. 5 mm. Hauptsächlich werden die Pilze für Eintopfgerichte verwendet. Der Pilz ist frisch in jedem Asialaden erhältlich. Angebaut wird er in Japan und den USA.

Rezept: Enokitake-Pilze mit Spinatsalat in Curry-Vinaigrette (s. S. 73)

Europagras

Dieses Würzkraut stammt aus Vietnam und wird dort *Ngo gai* genannt. Seine kleinen Blätter sitzen an langen Stielen. Beides kann man roh essen oder als Suppenwürze verwenden.
Es hat einen sehr intensiven Basilikumgeschmack. Man kann es im Asialaden bekommen.
Rezept: Europagras-Barbecue-Marinade für Spareribs (s. S. 82)

Galgant

Galgant oder Galanga ist ein Ingwergewächs, das bis zum 19 Jh. ausschließlich als Gewürz verwendet wurde. Heute wird Galgant getrocknet, frisch oder als Pulver für nahezu alle Reisgerichte verwendet. Zudem können Sie die frische Galgantwurzel genauso wie Ingwer (s. S. 19) verwenden.
Rezept: Galgant-Aioli (s. S. 86)

Gelbwurz

Gelbwurz, auch als Kurkuma bekannt, ist ein Ingwergewächs, und wie beim Ingwer wird auch hier das Rhizomen (s. S. 19, Ingwer) genutzt. Gelbwurz ist außen gelbbraun und quergeringelt. An der Bruchfläche ist die Wurzel hornartig und hellgelb. Sie hat einen aromatischen Geruch und schmeckt leicht bitter, aber aromatisch. Asiatischen Gerichten gibt sie die gelbe Farbe. Es gibt fünf verschiedene Sorten des Gewürzes, wobei die chinesische als die beste gilt. Im Asialaden ist Gelbwurz frisch, im Supermarkt als Pulver erhältlich. Sie dient als Grundlage aller Curry-Mischungen.
Rezept: Gelbwurzcrêpes mit Honigmarinade (s. S. 115)

Gemüsepapaya

Obwohl die Papaya ursprünglich aus Mittelamerika stammt, wird sie in fast allen tropischen oder subtropischen Ländern angebaut. Es gibt zwei unterschiedliche Arten der Papaya: eine kleine aus Hawaii, die Sie auch aus dem Obsthandel kennen, und die mexikanische mit Früchten, die bis zu 5 kg wiegen können. Die kleinen Papayas haben einen intensiveren Geschmack und gelb-oranges Fruchtfleisch. Da Papayas keine Fruchtsäure besitzen, schmecken sie pur nur sehr wenig erfrischend. Dem kann man abhelfen, indem man den Saft einer Limette darüber träufelt.

Rezept: Salsa aus grüner Gemüsepapaya (s. S. 83)

Glatte Petersilie

Diese Petersiliensorte ist kräftiger im Geschmack und hat ein wesentlich feineres Aroma als die krause Petersilie. Sie wächst das ganze Jahr über und bleibt, in ein Glas mit Wasser gestellt, lange frisch. Sie können die Pfahlwurzel, Blätter und Samen der Petersilie verwenden. Klein gehackt verfeinert sie Kartoffelgerichte, Mayonnaisen, Joghurt- und Quarkgerichte sowie Kräuterbutter und Salatsaucen. Da die besonders würzige Petersilie beim Kochen viel von ihrem Geschmack verliert, sollten Sie sie nur kurz mitgaren oder am besten roh verwenden. Eine Ausnahme bilden Suppen. Hier wird der Strauß mitgekocht, aber nicht mitgegessen.

Rezept: Salsa verde aus Japanischer Petersilie (s. S. 84)

Ingwer

Ingwer, wie wir ihn kennen, sieht zwar aus wie eine Wurzel, botanisch betrachtet handelt es sich aber um ein Rhizom. Als Rhizom bezeichnet man unterirdische Sprossachsen, die im Boden vorwiegend horizontal wachsen. Sie bilden Triebe für die Vermehrung und feine Wurzeln zur Verankerung. Außen sind die Knollen beige oder hellbraun und innen hellgelb. Ihr Geschmack ist würzig, leicht süßlich und brennend scharf. Ingwer wächst vor allem in Asien, Indien und Brasilien und ist leicht zuzubereiten: einfach ein Stück von der Knolle abbrechen und abschaben, danach raspeln oder in Stücke schneiden. Die Knolle hält sich ca. 3 Wochen im Kühlschrank. Bereits geschälten Ingwer sollten Sie in Sherry tauchen, so bleibt er frisch. Ingwer passt zu fast jedem Gericht und gibt ihm eine exotische Note. Neben der frischen Knolle ist Ingwer auch in Pulverform in jedem Supermarkt und Asialaden erhältlich.

Rezept: Chinakohlröllchen mit Ingwerpesto (s. S. 99)

Jackfruit

Die Jackfruit, oder Brotfrucht, sieht aus wie eine sehr, sehr große ovale, leicht grüne Melone. Ihre harte und dicke Fruchtschale ist vollständig mit kantigen Ausstülpungen übersät. Im unreifen Zustand ist die Frucht grün. Sie sollten jedoch Früchte kaufen, die bereits reif sind, dann ist die Schale gelb-grün bis bräunlich. Die reife Frucht strahlt einen eigentümlichen Geruch aus: leicht süßlich, intensiv und ziemlich gewöhnungsbedürftig. Sie können die reifen Früchte mehrere Tage im Kühlschrank aufbewahren. Die bis zu 20 kg schweren Jackfrüchte werden per Luftfracht geliefert und sollten bereits reif sein. Die Hauptanbauländer sind Thailand, Malaysia, Brasilien und Kenia. Es gibt sie ganzjährig im Asialaden.

Hier die Zubereitung: Die ganze Frucht mit einem großen Brotmesser quer in wenige Zentimeter große Scheiben schneiden, so dass sich daraus ein Stück wie eine Torte ergibt. Aus dieser Scheibe lassen sich dann weitere Tortenstückchen kreieren. Im Inneren sind die eigroßen, hellgelben bis bernsteinfarbenen Fruchtstücke in ein faseriges, weißes Stützgewebe eingebettet. In den Stücken befindet sich je ein bräunlicher Samen, etwas größer als eine Bohne, der nicht verzehrt wird. Diese können geröstet und für Suppen verwendet werden. Die Fruchtstücke lassen sich einzeln oder in Obstsalaten genießen. Auch zu anderen Desserts oder Entengerichten schmeckt die Jackfruit besonders gut. Bei nicht vollreifen Produkten kann es sein, dass aus der Schale und dem Stützgewebe ein milchähnlicher, klebriger Saft austritt.

Rezept: Jackfruitsalat (s. S. 71)

Japanischer Blattkohl

Der Japanische Blattkohl ist eine schnellwüchsige Pflanze mit mildem Geschmack. Sie bildet große, lockere, Köpfe mit länglich ovalen Blättern und kleinen gelben Blüten. Obwohl sie dem Pak Choi sehr ähnlich sieht, ist sie nicht mit ihm zu verwechseln. Der Blattkohl ist im Asialaden erhältlich. Man kann ihn auch selbst im Topf ziehen.

Rezept: Japanischer Blattkohl „Mizuna Early“ in Kokosmilch-Vinaigrette (s. S. 91)

Kaffirblätter

Die Kaffirblätter sind auch als Zitronenblätter bekannt. Vor allem in Thailand sind die grünen Kaffirblätter sehr populär und werden für nahezu alle Suppen und Curries verwendet. Häufig werden sie mit Knoblauch, Galgant, Ingwer, Chili und Basilikum kombiniert. Da die Blätter sehr schnell an Geschmack verlieren, sollten Sie sie sofort verwenden oder in der Tiefkühltruhe aufbewahren.
Rezept: Thai-Bohnen mit Kaffirblättern in rotem Thai-Curry (s. S. 41)

Kaffirlimette

Die grüne Frucht wird in Thailand und Südamerika angebaut. Da die Kaffirlimette einen starken Eigengeschmack hat, kann sie nur durch wenige Gewürze ersetzt werden, z.B. durch Zitronenmyrtenblätter oder die Schale von Limetten. Man erhält sie im Asialaden.
Rezept: Frittierter Thai-Spinat in Tamarindenjus (s. S. 49)

Knoblauch, jung

Jedes Jahr werden ca. 2,5 Mio. Tonnen Knoblauch produziert. Damit gehört Knoblauch zu den 20 wichtigsten Gemüsearten der Welt. Schon die Sumerer (um 5000 v. Chr.) nutzten Knoblauch zu kulinarischen und medizinischen Zwecken. Heutzutage wird Knoblauch überall angebaut, wo es trocken und sonnig ist, wie z. B. in Spanien, Italien, Argentinien und Mexiko. Knoblauch ist reich an Kohlenhydraten, Eiweiß, Calcium, Phosphor, Magnesium, Eisen und den Vitaminen B_1, B_2 und C. Dass Knoblauch so gesund ist, liegt vor allem an dem Inhaltsstoff Allicin. Der sorgt zwar sowohl für den knoblauchtypischen Geruch, aber eben auch für die gesundheitsfördernde Wirkung. Gegen den Knoblauchatem hilft folgendes: Etwas Petersilie, Pfefferminze, 1 – 2 Gewürznelken, frische, in Essig eingelegte Ingwerscheiben kauen oder frische Milch trinken. Die Zehen werden geschält und in einer Knoblauchpresse zerdrückt. Vielfach wird Knoblauch zu Lamm- und fettem Schweinefleisch, zu kräftigen Saucen, in Eintöpfen, Nudelgerichten etc. verwendet. Junger Knoblauch ist ganzjährig erhältlich. Es gibt ihn in Asialäden auch eingelegt im Glas.
Rezept: Thai-Omlette mit Senfspinat (s. S. 38)

Kochbanane

Die Heimat der Kochbanane sind die Tropen und Subtropen (Indien, Afrika, Amerika). Sie ist nahe verwandt mit den beliebten Obstbananen. Die essbare Frucht der Kochbanane ist allerdings grün, größer und weniger süß. Weil sie mehr Stärke enthält, wird sie nicht roh, sondern nur gekocht oder gebraten gegessen. Gegrillt schmeckt sie besonders gut. Sie können die Banane aber auch trocknen oder zu Mehl verarbeiten. Aus diesem Mehl kann man Brot und süße Kuchen backen.

Rezept: Kochbanane vom Barbecue-Grill (s. S. 121)

Kokosnuss

Kokosnüsse werden in Thailand auf großen Plantagen angebaut. Das geriebene Fruchtfleisch der reifen Kokosnüsse ergibt zusammen mit Wasser die Kokosnussmilch, die für viele asiatische Gerichte verwendet wird. Da Kokosnüsse bei uns recht teuer sind, können Sie auch die qualitativ sehr gute Kokosmilch aus der Dose verwenden. Am oberen Dosenrand setzt sich durch längeres Stehen eine dicke Schicht ab, die Sie nicht wegwerfen müssen. Die Kokosnussmilch sollte stets ungesüßt sein, da sie sich sonst nur für wenige Desserts eignet. In vielen Asiageschäften wird Kokosnussmilch als Kokosnusscreme oder auch als Kokosnusspulver in Tüten angeboten, das mit Wasser angerührt werden muss.

Rezept: Chinesischer Brokkoli mit Erdusspaste (s. S. 109)

Koriander

Hauptsächlich werden zum Kochen die Körner und Blätter des Korianderkrautes verwendet. Nur in Thailand wird auch von der Wurzel Gebrauch gemacht. Da sich Früchte und Blätter im Geschmack unterscheiden, können sie sich nicht gegenseitig ersetzen. Das Aroma des Korianders ist nussig und würzig. Trotzdem müssen Europäer sich oft erst an den eigentümlichen Geruch nach Seife gewöhnen. Das Gewürz ist in ganz Asien sehr beliebt und sieht der Petersilie ähnlich. Da der Geschmack beim Kochen sehr schnell vergeht, sollten Sie erst zum Schluss mit Koriander würzen. Verwenden können Sie ihn für nahezu alle Gerichte. Frischen Koriander erhalten Sie in jedem Supermarkt.

Rezept: Chinesischer Kohlrabi im Korianderwurzel-Sud (s. S. 62)

Kürbis

Der Geschmack von Kürbis ist grundsätzlich sehr zart und kann von süßlich bis nussig-scharf variieren. Alle Kürbissorten sind sehr vielseitig einsetzbar: Sie können sie frittieren, als Marmelade einkochen, süß-sauer einlegen und für Suppen, Salate und Gratins verwenden. Die Zubereitung ist sehr einfach: Schälen Sie den Kürbis und schneiden Sie Portionsstücke heraus. Die Kerne und damit verbundenen Faserstücke kratzen Sie am besten mit einem großen Löffel aus. Schneiden Sie nun das gesamte Fleisch aus der Schale. Die Garzeit beträgt im Schnellkochtopf ca. 10 Minuten. Im Asiashop ist eine Vielzahl von Kürbisarten erhältlich.

Rezept: Spuash von Riesenkürbis „Sweet Mama“ mit Galgantwurzel-Aroma (s. S. 105)

Lilienblüten

Die genießbaren Blüten stammen aus einer in Südostasien wachsenden Lilienart und werden in Streifen geschnitten und getrocknet angeboten. Ihr Geschmack erinnert an Dörrpflaumen und Sie können die Blüten als Beilage zu Fleischgerichten zubereiten. Dazu werden die Lilienblüten eingeweicht und in Gewürzsaucen und Fonds mitgekocht. Sie werden in Thailand und China angebaut und sind im Asiashop erhältlich.

Rezept: Lilienblüten mit asiatischer Brotkruste (s. S. 39)

Lilienwurzel

Die Lilienwurzeln werden in Südostasien aufgrund ihres hohen Nährstoffgehaltes angebaut. Zudem haben sie einen hohen Stärkegehalt. Sie schmecken besonders gut als Suppeneinlage oder können im Wok frittiert werden. Man erhält sie im Asialaden.

Rezept: Lilienwurzelsud für Fische (s. S.82)

Lotusblütenkerne

Lotusblütenkerne stammen unter anderem aus Thailand. Sie können frisch oder getrocknet gegessen werden. Am besten schmecken sie als Dessert oder auch als Suppeneinlage. Man erhält sie im Asialaden.

Rezept: Lotusblütenkerne als Putenschnitzelpanade (s. S. 104)

Mangostane

Die Mangostane zählt zu den wahrscheinlich köstlichsten Früchten, die es auf der Erde gibt. Ihr Geschmack ist leicht säuerlich, mit einem Pfirsich-Zitronen-Aroma, und sehr exotisch. Die Schale der Mangostane ist purpurfarben und sollte elastisch sein, denn wenn die Frucht bereits hart ist, ist sie ungenießbar. Sie können die Mangostane 2 Wochen im Kühlschrank aufbewahren. Brechen Sie die Schale mit den Händen am „Äquator“ auf. In der einen Hälfte befindet sich dann das weiße Fruchtfleisch, das in Segmente eingeteilt ist – ähnlich einer Mandarine. Die Samen, die sich in den Fruchtstücken befinden, können Sie mitessen. Die Mangostane, die in Thailand, Malaysia und Indonesien angebaut wird, ist von Mai bis September in Europa erhältlich.

Rezept: Mangostane-Grütze (s. S. 117)

Maniok

Die Maniok-Pflanze wächst im tropischen Regenwald und kann bis zu 3 Meter hoch werden. Es gibt zwei Manioksorten: eine süße und eine bittere. Bei der Zubereitung müssen Sie darauf achten, dass Sie die bittere sehr gründlich auswaschen und nur bei starker Hitze kochen, während es bei der süßen reicht, sie zu schälen. Diese Maßnahmen sind unbedingt nötig, um die Maniok ohne Nachwirkungen zu verzehren, da die Frucht das giftige Blausäureglykosid Linamarin enthält. Die braune Frucht passt gut zu Suppen, Desserts und auch zu Hauptgerichten. Sie ist im Asialaden erhältlich.

Rezept: Maniok vom Grill (s. S. 42)

Mini Pak Choi

Der Mini- oder Rosetten-Pak Choi ist eine fernöstliche Gemüsespezialität, die wie Chinakohl angebaut wird. Die Pflanzen bilden Rosetten aus kurzstieligen, kreisförmig angeordneten Blättern mit hellen, fleischig-saftigen Blattrippen. Die Zubereitung entspricht der des Pak Choi, Seite 26. Sie können Mini Pak Choi auch selber im Topf ziehen.

Rezept: Mini Pak Choi süß-sauer (s. S. 93)

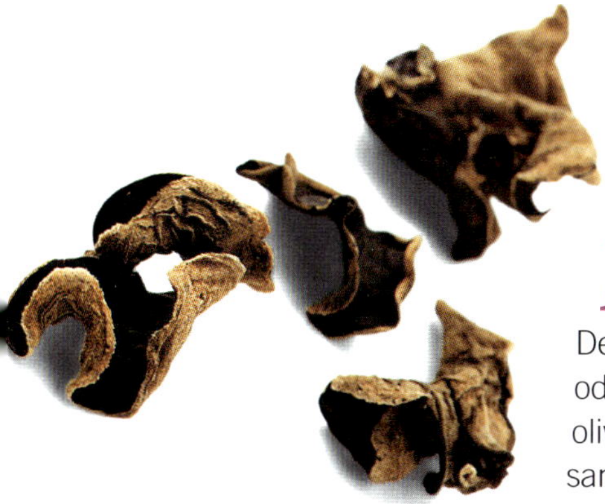

Mu-erh-Pilz

Der Fruchtkörper des Mu-erh-Pilzes, auch Chinesische Morchel oder Judasohr bzw. Holunderschwamm genannt, ist rötlich, olivgrau oder rotbraun. Getrocknet schrumpft er sehr stark zusammen, aber in Wasser eingeweicht quillt er nach kurzer Zeit wieder auf und nimmt seine ursprüngliche Form an. Obwohl im Geschmack eher unergiebig und fade, darf er in der chinesischen Küche nicht fehlen, denn er unterstreicht das Aroma der anderen Gemüse und Pilze. Angebaut wird er vor allem in China, Taiwan, Korea und Japan und ist das ganze Jahr über im Asialaden erhältlich.
Rezept: Nori-Reissuppe mit Mu-erh-Pilzen (s. S. 61)

Mungobohnensprossen

Die Mungobohnensprossen sind vor allem aufgrund ihres hohen Nährstoffgehalts eine große Bereicherung für unsere Küche. Sie enthalten die Vitamine B_1, B_2, C und E sowie Enzyme und diverse Mineralien. Mungobohnensprossen können Sie fertig verpackt in jedem Supermarkt oder Gemüseladen kaufen. Sie werden hauptsächlich für Salate verwendet.
Rezept: Peteh-Bohnen in grüner Currypaste (s. S. 55)

Nori-Algen

Nori ist eine Seetangart, die als Meeresgemüse bezeichnet wird. Die Algen werden auf Netzen angebaut und nach der Ernte zwischen Matten gepresst, wo sie in der Sonne trocknen. Qualitativ hochwertiger Nori hat dicke Blätter und eine schillernde violett-schwarze Farbe. Wenn Sie den Nori leicht rösten, bis er sich grün färbt, bekommt er einen zart-würzigen Geschmack und eignet sich gut für Suppen, Salate, Nudelgerichte oder zum Umwickeln von Reisrollen. Nori ist reich an Vitamin A und B, Eisen und Calzium. Getrocknet erhalten Sie Nori in Reformhäusern oder in Asienshops. Vor dem Gebrauch müssen Sie die Trockenalgen etwa eine halbe Stunde wässern.
Rezept: Nori-Reissuppe mit Mu-erh-Pilzen (s. S. 61)

Okraschoten

Die Okra ist eines der ältesten Gemüse der Welt und wird seit dem 2. Jahrtausend v. Chr. in Afrika angebaut. Ihre Form ähnelt der der Peperoni. Die Schale ist gelb bis dunkelgrün und im Inneren finden sich kleine, weiche und runde Samenkörner. Mit ihrem milden, leicht herben, säuerlich pikanten Geschmack erinnern die Okraschoten an Bohnen. Okras sind sehr kalorienarm und reich an Kohlenhydraten, Eiweiß, Calcium, Eisen, Provitamin A und den Vitaminen B_1, B_2 und C. Das Fruchtgemüse ist das ganze Jahr über aus Afrika und Brasilien erhältlich. Lagern Sie sie nicht zu kühl! Die Zubereitung ist recht einfach: Schneiden Sie die Stielanätze am Ende der Schote ab und blanchieren Sie die Okras in kochendem Wasser mit einem Schuss Essig . Danach müssen Sie die Schoten mit kaltem Wasser abschrecken und abtropfen lassen. Das Fruchtgemüse eignet sich gut für Gemüsesuppe, Eintopf oder als Beilage zu Fisch- und Fleischgerichten. Sie können die Schoten auch sehr gut einfrieren.

Rezept: Tempura von Okraschoten in Orangensud (s. S. 122)

Pak Choi

Pak Choi ist eine fernöstliche Gemüsespezialität, die wie Chinakohl angebaut wird. Die Pflanzen bilden keine Köpfe, sondern einen dichten Kranz aus Blättern mit breiten, fleischigen Blattrippen. Pak Choi ist mit unserem Kohl verwandt – deshalb nennt man ihn auch Senfkohl – und wird hauptsächlich in China, Korea und Japan angebaut. Pak Choi hat einen doppelt so hohen Nährstoffgehalt wie Weißkohl und sehr zarte Blätter, die Sie nicht zu lange garen sollten, da sie sonst ihr besonderes Aroma verlieren. Zum Kochen können Sie sowohl die ganzen Blätter, die Sie sich passend zurecht schneiden, als auch die Blattstiele verwenden. Pak Choi gibt es in verschiedenen Sorten, z. B. mit breiten, zarten Blättern, die im Geschmack an Feldsalat und Spinat erinnern. Die Zubereitung entspricht der des herkömmlichen Kohls. Man kann Pak Choi das ganze Jahr über im Asialaden kaufen. Sie können ihn auch selber ziehen.

Rezept: Eingelegter Pak Choi (s. S. 57)

Palmherzen

Die Palmherzen werden aus dem Vegetationskegel von Palmen gewonnen. Angebaut werden diese in Brasilien und Thailand. Ihr intensiv nussartiger Geschmack kommt in rohem Zustand besonders gut zur Geltung. In Europa werden Palmherzen fast ausschließlich in Konserven angeboten. Verwendung finden sie in Salaten und Desserts.

Rezept: Palmherzen-Thabule (s. S. 53)

Pandanblätter

Die Pandanblätter wachsen in Südasien und am Meeresufer des tropischen Teils von Australien. Die schmalen, schwertförmigen Pandanblätter lassen sich mit ihrem süßlich-aromatischen Geschmack mit keinem anderen Gewürz vergleichen. Sie können die Blätter zum Würzen von Desserts und Hauptspeisen, z. B. Huhn, verwenden. Die Pandanblätter eignen sich auch hervorragend zum Dekorieren von Speisen. Man kann Pandanblätter das ganze Jahr über im Asialaden bekommen.

Rezept: Chinesischer Schnittknoblauch aus dem Dampftopf (s. S. 50)

Peteh-Bohne

Diese flachen dicken Bohnen stammen unter anderem aus Thailand. Sie sind von knallgrüner Farbe und im Geschmack sehr intensiv. Wegen ihres ungewöhnlichen Geruches werden sie auch Stinkbohnen genannt, was sich auf den Geschmack allerdings nicht auswirkt. Ganz besonders gut eignen sie sich zum Braten im Wok. Man bekommt sie im Asialaden.

Rezept: Peteh-Bohnen in grüner Currypaste (s. S. 55)

Preaw Leaf

Dieses dem Thai-Basilikum ähnliche Würzkraut stammt u. a. aus Vietnam. Seine langen schmalen Blätter sitzen an dünnen Stielen. Geschmacklich erinnert es an Melisse, Spinat und Basilikum. Die Blätter kann man für Dressings, oder zum Marinieren und Frittieren verwenden.

Rezept: Preaw Leaf Dressing (s. S. 80)

Rau Om

Das Rau Om-Kraut ist ein vielseitig einsetzbares Gewürz, das sowohl zu süßen als auch zu salzigen Speisen hervorragend passt. Sie können z. B. die Blätter des Rau Om auf Ihr Müsli streuen. In der thailändischen und vietnamesischen Küche ist es unentbehrlich. Dort wird es z. B. für Suppen mit Tamarindenmus und Melone verwendet. Da das Rau Om-Kraut sehr anspruchslos ist, wächst es auch in Deutschland gut. Die Pflanze sollte warm und sonnig stehen. Da sie eine hohe Luftfeuchtigkeit benötigt, empfiehlt es sich, im Sommer neben den Blumentopf eine Schale mit Wasser zu stellen. Im Winter muss die Pflanze feucht gehalten werden und benötigt viel Licht. Da sie mit normaler Erde allerdings nur mäßig wächst, verwendet man am besten Vulkangranulat (z. B. Seramis).

Rezept: Rau Om Schaumsüppchen (s. S. 63)

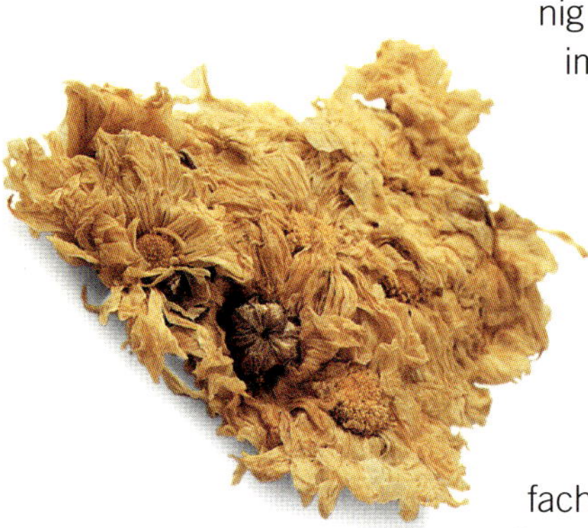

Salatchrysantheme

Die Salatchrysantheme ist eine schnellwüchsige Pflanze, die mehrfach beerntet werden kann. Je jünger die Pflanzen sind, desto milder ist der Geschmack. Sie können die jungen Blätter und Triebe gekocht – wie Spinat – oder roh zum Würzen benutzen. Wenn Sie allerdings Mischsalate anrichten, sollten Sie die Blüten vorher kurz blanchieren. Sie können die jungen Blütenköpfe aber auch in Fett oder Bierteig ausbacken. Die getrockneten Blüten, die das Foto zeigt, verwenden Sie zum Dekorieren. Sie können die Pflanze ganz einfach Zuhause anbauen: Bis August kann laufend gesät und nach 20 - 40 Tagen geerntet werden.

Rezept: Salat von Komatsuma „Green Boy“ (s. S. 79)

Schnittknoblauch

Diese geschmackliche Mischung aus Knoblauch und Schnittlauch wird in vielen Ländern angebaut, z. B. China, Japan, Nordindien, Südostasien und Kalifornien. Der Chinesische Schnittknoblauch ist größer als herkömmlicher Schnittlauch und hat dicke und flache Blätter. Sie können den Schnittknoblauch als Ersatz für Knoblauch verwenden, da sein Geschmack zwischen Schnittlauch und Knoblauch liegt. Erhältlich ist er ganzjährig im Asialaden, aber auch auf Wochenmärkten.

Rezept: Chinesischer Schnittknoblauch aus dem Dampftopf (s. S. 50)

Shiitake-Pilz

Der Shiitake-Pilz ist besonders wegen seines intensiven würzigen Geschmacks beliebt und eignet sich gut zum Braten, Dünsten, Frittieren und Grillen. Ursprünglich kommt der Pilz aus Japan, aber mittlerweile wird er auch in Europa, Taiwan und Korea angebaut. Der Shiitake-Pilz macht nur sehr wenig Arbeit: Wischen Sie den Fruchtkörper mit Küchenpapier ab und schneiden Sie evtl. den Stiel ab. Gewürzt wird zum Schluss mit etwas frischem Pfeffer. Geschmacklich ähnelt er dem Steinpilz. Die frischen braunen Pilze sind etwa 1 Woche lang haltbar. Es gibt auch getrocknete Shiitake-Pilze zu kaufen. Man bekommt sie im Asialaden und in gut sortierten Supermärkten.

Rezept: Shiitake-Pilze gefüllt mit asiatischem Ratatouille (s. S. 51)

Shisoblätter

Die Shiso-Pflanze ist hierzulande auch als Schwarz- oder Hanfnessel bekannt und wird in ihrer Heimat Japan als Gewürz-, Heil-, Öl- und Zierpflanze genutzt. Das Aussehen der Shisoblätter erinnert an Pfefferminze oder Zitronenmelisse. In asiatischen Spezialitätengeschäften gibt es Shiso frisch zu kaufen, doch er ist ziemlich teuer. Wer die Investition scheut, kann Zitronenmelisse als Ersatz verwenden. Besonders gut schmecken die Shisoblätter zu weißem Fisch, wie z. B. Heilbutt.

Rezept: Shisoblätter mit saurem Japanreis (s. S. 47)

Sojabohnensprossen

Sojasprossen sind die frischen Keime der Sojabohne, aus welcher viele andere Produkte, z. B. Sojaöl, Tofu (Seite 34) oder Miso, aus Sojabohnen hergestellt werden. Sie können die Sojasprossen entweder roh in Salaten verwenden – sie bekommen dadurch einen leicht asiatischen Touch – oder auch für Gemüsepfannen. Dazu nur ganz kurz mitgaren, damit sie schön knackig bleiben.

Rezept: Tarowürfel mit Speck und Zwiebeln (s. S. 95)

Strohpilz

Die Strohpilze werden, wie ihr Name schon sagt, auf Stroh – vor allem in den tropischen und subtropischen Gebieten Asiens – angebaut. Die Pilze wachsen in einer weiß-grauen Hauthülle, die nach dem Aufreißen oft am Fuß des Pilzes hängen bleibt. Sie eignen sich für Wok-Gerichte ebenso wie für Suppen. Man kann sie ganzjährig im Asiashop kaufen. Sie können anstelle der frischen Strohpilze auch solche aus der Dose verwenden. Diese sollten sie allerdings erst zum Schluss in das Gericht geben und nur kurz erwärmen, da sie bereits gegart sind.

Rezept: Strohpilze im Zitronengras-Sud (s. S. 65)

Tamarinde

Tamarinde ist die grau-braune bis zimtfarbene Hülsenfrucht eines tropischen Baumes. Die jungen Schoten sowie die zarten Blätter werden in Thailand als Gemüse verzehrt. Das dunkle, intensiv süß-säuerlich schmeckende Fruchtmark wird zusammen mit den Kernen zu Tamarindenpaste verarbeitet. Der Saft der Tamarinde verleiht vielen Speisen einen einzigartigen, säuerlichen, fruchtig-herben Geschmack, den viele als scharf empfinden. Daher eignet sich Tamarinde auch hervorragend für Gerichte mit Chili. Tamarinden und ihre Produkte sind im Asialaden erhältlich.

Rezept: Frittierter Thai-Spinat in Tamarindenjus (s. S. 49)

Tan oh

Dieses vietnamesische Kraut sieht dem Grün der Karotten ähnlich. Es schmeckt leicht bitter und wird als Suppeneinlage verwendet. Sie bekommen es das ganze Jahr über im Asialaden.

Rezept: Nori-Reissuppe mit Mu-erh-Pilzen (s. S. 61)

Taro

Die bräunlichen Knollen müssen vor dem Gebrauch geschält werden. Das Fruchtfleisch der Taro ist sehr farbenfroh, denn es zeigt Schattierungen von weiß über rot bis violett-blau. Bei der Zubereitung müssen Sie darauf achten, dass Sie gegen Ende der Garzeit das Kochwasser erneuern, da beim Kochen Calciumoxal freigesetzt wird, das ein unangenehmes Kratzen im Hals verursachen kann. Sie können die Taroknollen auch grillen, backen und frittieren. Verwendung finden sie in Süß- und Hauptspeisen. Die Taro ist das ganze Jahr über in Asiageschäften erhältlich.
Rezept: Tarowurzelwürfel mit Speck und Zwiebeln (s. S. 95)

Thai-Basilikum

Thai-Basilikum ist eine besonders aromatische und duftende Basilikum-Art mit süß-saurem Aroma. Der Duft der Blätter erinnert an normales Basilikum mit einer Note Pfefferminze und Anis. Verwendet wird Thai-Basilikum wie das Basilikum aus dem Mittelmeerraum. Es gibt drei Arten des Thai-Basilikums, die in Geschmack und Aussehen variieren. Das am häufigsten gebrauchte Basilikum ist das *bai horapa,* das dem europäischen Basilikum ähnelt. Außerdem gibt es Zitronenbasilikum *(bai mangluk)* und *bai krapao* (Heiliges Basilikum), mit rötlich-violetten Blättern. Sie können Thai-Basilikum auch selbst ziehen.
Rezept: Süßkartoffel-Schaum (s. S. 54)

Thai-Bohnen

Diese thailändischen Bohnen können bis zu 90 cm lang werden. Deshalb werden sie auch als Schlangenbohnen oder *Shoestringbeans* bezeichnet, was soviel bedeutet wie „Schnürsenkelbohnen“. Die Hülsen enthalten sehr viele essbare Samen und schmecken besonders zart, wenn sie jung sind. Am besten schmecken sie aus dem Wok, man kann sie aber auch roh essen. Thai-Bohnen sind das ganze Jahr über im Asialaden erhältlich. Falls Sie die Bohnen im Asialaden nicht bekommen, können Sie auch auf Prinzessbohnen ausweichen.
Rezept: Thai-Bohnen mit Kaffirblättern in rotem Thai-Curry (s. S. 41)

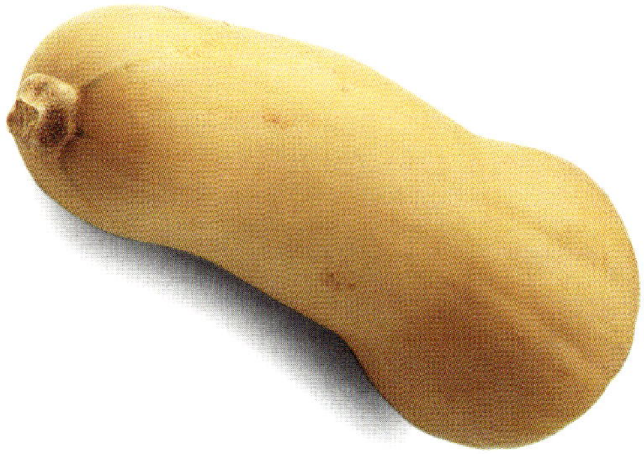

Thai-Flaschenkürbis

Der Thai-Flaschenkürbis wird in den Tropen angebaut und kann bis zu 1 m lang und durchschnittlich 10 - 40 cm breit werden. Sie verwenden ihn am besten gebraten oder gekocht als Gemüsebeilage zu Fisch und Fleisch. Die Kürbiskerne können Sie als Panade, für Salate oder Gemüse verwenden. Erhältlich ist Kürbis im Asialaden.

Rezept: Thai-Flaschenkürbis-Eiscreme (s. S. 116)

Thai-Frühlingszwiebeln

Obwohl sie Frühlingszwiebeln heißen, werden sie das ganze Jahr über angebaut. Der Name stammt wahrscheinlich daher, dass Frühlingszwiebeln sehr junge Zwiebeln sind. Sie bilden keine echten Zwiebeln, sondern nur einen verdickten Schaft. Sie können sie gehackt und roh für kalte Speisen, z. B. Quark, verwenden. Die Frühlingszwiebeln eignen sich auch zum Schmoren mit Gemüse oder zum Ausbacken in Teig. Wenn Sie die Frühlingszwiebeln in ein feuchtes Tuch oder einen Gefrierbeutel wickeln, halten sie sich bis zu 5 Tage lang im Kühlschrank. Entfernen Sie vor dem Verzehr der Zwiebeln die dunklen Spitzen und den Wurzelansatz. Thai-Frühlingszwiebeln gibt es im Asialaden zu kaufen. Ersatzweise können Sie auch die heimischen Frühlingszwiebeln verwenden.

Rezept: Mungobohnensprossen in Frühlingsrollenteig (s. S. 89)

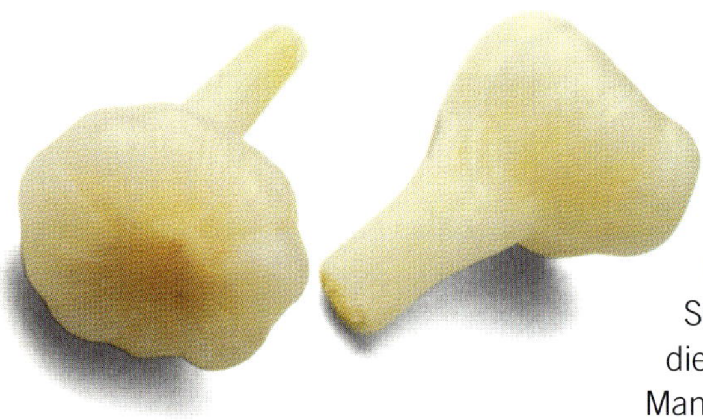

Thai-Knoblauch

Dieser Knoblauch ist im Vergleich zu der geläufigen Sorte sehr klein, da er sehr eng angebaut wird. Aus diesem Grund ist er auch sehr intensiv im Geschmack. Man kann ihn roh aber auch gebraten und eingemacht, wie den herkömmlichen Knoblauch, verwenden.

Rezept: Salat mit eingelegtem Thai-Knoblauch (s. S. 69)

Thai-Minze

Diese grüne Minzevariation eignet sich besonders für Saucen, als Gemüse und für Desserts. Der Geschmack der Thai-Minze ist stark-aromatisch bis brennend-scharf. Um den Geschmack in all seinen feinen Nuancen zu erfassen, sollten Sie die Minze mit Zucker süßen. Die Thai-Minze ist sehr vielseitig und wird in Südostasien für extrem scharfe Fleischgerichte und in Vietnam vor allem für Salate verwendet. Sie sollten die Thai-Minze immer in Verbindung mit Koriander verwenden. Erhältlich ist sie im Asialaden.

Rezept: Lilienblüten in asiatischer Brotkruste (s. S. 39)

Thai-Schalotten

Der würzige Geruch der kleinen roten Schalotten kommt vom reichlich enthaltenen Vitamin C und von ätherischen Ölen. Sie können die Schalotten sowohl zum Würzen von Salaten, Soßen (Sauce Béarnaise, Fischsauce), Kräuterbutter, Braten und Marinaden, als auch gedünstet oder geschmort als Gemüse verwenden. Der Vorteil der Thai-Schalotten gegenüber normalen Zwiebeln ist, dass die Schalotten sehr zart und mild schmecken und beim Kochen und Schmoren leichter zergehen als die festeren Zwiebeln. Die Zubereitung ist aber die gleiche wie bei Zwiebeln. Man kann sie im Asiashop kaufen.

Rezept: Preaw Leaf Dressing (s. S. 80)

Thai-Spargel

Dieser grüne Spargel ist ein Gemüse, das seit zwei Jahrtausenden nicht nur wegen seines besonderen Geschmackes, sondern vor allem auch wegen seiner medizinischen Wirkung (entwässernd, blutreinigend) beliebt ist. Sie können den Spargel einige Tage im Kühlschrank aufbewahren, indem Sie ihn in ein feuchtes Tuch wickeln. Dadurch wird verhindert, dass der Spargel austrocknet. Die Zubereitung des Thai-Spargels ist gar nicht schwer: Schälen Sie die unteren Enden des Spargels und binden Sie ihn portionsweise zusammen, damit die Stangen beim Kochen nicht auseinanderfallen. Falls einige Spargelstangen unterschiedlich lang sind, schneiden Sie den Spargel auf eine einheitliche Länge. Danach wird der Spargel in kochendes Wasser gegeben, das mit Salz, Zucker, Zitronensaft und ein bisschen Butter versehen ist. Kochen Sie den Spargel etwa 10 - 15 Minuten, bis er weich, aber noch knackig ist. Thai-Spargel ist ganzjährig im Asialaden erhältlich.

Rezept: Salat von grünem Thai-Spargel in Ingwerpesto (s. S. 72)

Thai-Spinat

Thai-Spinat ist sowohl frisch als auch tiefgekühlt im Asialaden erhältlich. Der Spinat wird vor allem nach seinem Aussaattermin unterschieden. Der Frühlings- und Sommerspinat eignet sich vor allem für Salate und kann roh gegessen werden. Der Herbst- und Winterspinat ist nicht so zart und sollte blanchiert werden. Ein besonderer Genuss erwartet Sie, wenn Sie den Spinat nach dem Blanchieren in Butter, Schalotten und Knoblauch schwenken. Doch Spinat ist nicht nur sehr lecker, sondern durch seinen hohen Mineral- und Vitamingehalt auch noch sehr gesund. Eine ebenfalls sehr empfehlenswerte asiatische Variante ist die japanische Spinatsorte *Horenso,* die im Geschmack milder und süßer als der europäische Spinat ist. Leider wird er im Handel eher selten angeboten.

Rezept: Frittierter Thai-Spinat in Tamarindenjus (s. S. 49)

Tofu

Tofu wird aus gepressten Sojabohnen (Sojasprossen) hergestellt und ist aufgrund seines hohen Eiweißgehalts besonders nahrhaft. Er eignet sich besonders gut für Pfannengerichte, da er den Geschmack der anderen Zutaten aufnimmt. Sie können Tofu getrocknet, frisch und frittiert kaufen. Den frischen Tofu sollten Sie unbedingt in einer Schale mit Wasser im Kühlschrank aufbewahren. Dort hält er sich etwa 1 Woche lang.

Rezept: Bananenblüten mit Tofu-Bärlauch-Aioli (s. S. 111)

Wakame

Wakame ist eine Braunalge, die im Küstenbereich vor Japans Insel Hokkaido geerntet und in der Sonne getrocknet wird. Die Zubereitung der Wakamealge ist sehr einfach: Wischen Sie die Wakamestücke ab und weichen Sie diese für 10 - 15 Minuten in heißem Wasser ein. Beachten Sie dabei, dass sich die Stücke um das siebenfache vergrößern. Obwohl das Meeresgemüse vor allem für Suppen verwendet wird, schmeckt es auch roh sehr gut, wobei Sie die Stücke auch dann vorher einweichen sollten.

Rezept: Wakame-Sesamkartoffelbällchen (s. S. 96)

Wasabi

Wasabi hat eine hellgrüne Farbe und ähnelt in Geschmack und Schärfe unserem Meerrettich. Die aus Japan stammenden Wasabiwurzeln werden getrocknet und als Pulver angeboten. In Deutschland ist zumeist nur Wasabipaste erhältlich, die aus dem Pulver der Wurzeln hergestellt wird. Diese eignet sich hervorragend für die Zubereitung von Sushi, Sashimi, Dips und Soßen. Erhältlich ist Wasabi im Asialaden.

Rezept: Shisoblätter mit saurem Japanreis (s. S. 47)

Wasserkastanie

In China wird die süßlich schmeckende Wasserkastanie vor allem für Desserts verwendet. Frische Kastanien sind in Deutschland nur schwer zu bekommen. Es gibt sie aber in gut sortierten Asiashops konserviert zu kaufen. Wasserkastanien aus der Dose können in einer Schale Wasser ca. 1 Monat lang aufbewahrt werden. Die Knolle ist dann bereits geschält und gekocht. Frische Wasserkastanien kann man durchaus auch roh essen. Die maronenähnlichen Früchte stammen von einer Wasserpflanze, die unserer Seerose ähnelt. Im Wok oder als Dessert zubereitet schmecken sie besonders gut.

Rezept: Wasserkastanien in Zuckerrohrsirup auf Eis (s. S. 119)

Weißer Wolkenohrpilz

Diese Pilze stammen aus China und werden hierzulande ausschließlich getrocknet angeboten. Man muss die Pilze vor dem Gebrauch in lauwamem Wasser einweichen. Sie eignen sich als Suppeneinlage und auch zum Braten im Wok. Erhältlich sind diese Pilze im Asialaden.

Rezept: Weißer Wolkenohrpilzsalat (s. S. 68)

Zitronengras

Zitronengras ist ein einjähriges, grasartiges Gewürz-, Heil- und Teekraut mit erfrischend zitronenartigem Geschmack. Es wird in der asiatischen Küche sehr häufig verwendet. Man verfeinert damit Geflügel, Fisch und andere Meeresfrüchte. Sollten Sie einmal kein Zitronengras zur Hand haben, können Sie dieses durch Zitronenmelisse ersetzen, keinesfalls aber durch Zitronen selbst, da diese einen erheblich intensiveren Geschmack haben. Zitronengras gibt es im Asialaden. Sie können es auch selbst anbauen.

Rezept: Strohpilze im Zitronengrassud (s. S. 65)

Zuckerschoten

Als Zuckerschoten bezeichnet man junge und noch unreife Erbsenschoten, die reich an Vitamin B_1 und E, Kalium, Magnesium sowie Phosphor sind. Die Zubereitung ist ganz einfach: Entfernen Sie den Stielansatz und blanchieren Sie die Schoten 2 - 3 Minuten in kochendem Wasser. Danach können Sie die Zuckerschoten als Salat oder Gemüse zubereiten. Zuckerschoten bekommt man im Asiashop.

Rezept: Karamellisierte asiatische Zuckerschoten (s. S. 45)

Exquisite Kleinigkeiten

Gönnen Sie sich diese wahren Köstlichkeiten und servieren Sie dazu Asia-Reis oder auch Asia-Nudeln. In der Grillsaison eignen sich die Gemüse hervorragend als Barbecue-Beilage oder auch als Vorspeisen.

kochduell

Thai-Omelette mit Senfspinat

(Für 4 Personen)

1 EL eingelegter junger Knoblauch
8 Eier
1 EL frischer Koriander, gehackt
2 EL Thai-Fischsauce
Schwarzer Pfeffer aus der Mühle
1 EL Cashewnüsse, geröstet und geschrotet
2 EL Erdnussöl
250 g Senfspinat

Den eingelegten Knoblauch hacken. Eier verquirlen und die restlichen Zutaten – bis auf den Senfspinat und das Erdnussöl – zugeben und abschmecken. Den Senfspinat putzen, in 2 cm große Stücke schneiden. In einer Teflonpfanne das Öl erwärmen. Den Senfspinat in der heißen Pfanne kurz scharf anbraten. Im Anschluss die Eiermasse über den Spinat laufen lassen und etwa 5 Minuten schön gold-gelb von beiden Seiten ausbacken.

Zubereitungszeit: ca. 10 Minuten

Tipp:

- Eingelegten Knoblauch kann man fertig kaufen und/oder verfeinern: Dazu 1 Glas eingelegten Miniknoblauch (150 g netto) mit 1 EL frischem Ingwer, 1 kleinen gehackten Thai-Chilischote und 1 EL Thai-Fischsauce vermischen und mit Sansho-Pfeffer, Zitronensaft und Olivenöl abschmecken.
- Anstelle des Senfspinates können Sie auch Blattsenf verwenden. Als Saatgut ist dieser bei Flora Frey erhältlich.

Lilienblüten mit asiatischer Brotkruste

Das Toastbrot zerkrümeln und mit Koriander, Minze, Basilikum, Currypulver, Salz, Pfeffer und Knoblauch mischen. Die Eier aufschlagen und verrühren. Die Lilienblüten in Reismehl wenden, durch die Eiermasse ziehen und in der Brotkrumenmasse panieren. Das Sojaöl in einer Pfanne erhitzen. Die panierten Lilienblüten in dem heißen Öl etwa 2 Minuten knusprig frittieren.

Zubereitungszeit: ca. 10 Minuten

(Für 4 Personen)

150 g Toastbrot
1 EL Koriander
1 EL Thai-Minze
1 EL Thai-Basilikum
1 Msp. Madras-Currypulver
Salz, Pfeffer
1 EL Knoblauch, gehackt
2 Eier
32 frische Lilienblüten
1 EL Reismehl
200 ml Sojaöl

kochduell

Thai-Bohnen mit Kaffirblättern in rotem Thai-Curry

Die Hälfte der Kaffirblätter in feine Streifen schneiden, die restlichen Blätter in grobe Stücke zupfen. Wok erhitzen und das Öl zugeben. Die Currypaste darin rösten. Bohnen zugeben und die groben Stücke der Kaffirblätter sowie die in breite Streifen geschnittenen Chilischoten zugeben. Alles gut schwenken, mit Fischsauce und Pfeffer abschmecken und anrichten. Mit den fein geschnittenen Kaffirblättern bestreuen.

Zubereitungszeit:
ca. 10 Minuten

Tipp:

- Thai-Currypaste gibt es in verschiedenen Geschmacksrichtungen und Farben im Asialaden. Die rote, gelbe und grüne Würzpaste ist sehr scharf. Je nach Geschmack sollten Sie sie also sparsam verwenden. Sie hält sich geöffnet im Kühlschrank etwa 1 Jahr.

(Für 4 Personen)

10 Kaffirblätter
5 EL Sojaöl
2 EL rote Thai-Currypaste
500 g Bohnen, lang
3 rote Chilischoten
2 EL Thai-Fischsauce
schwarzer Pfeffer aus der Mühle

kochduell

Maniok vom Grill

(Für 4 Personen)

2 Stk. Maniok
2 Knoblauchzehen
1 EL Sojasauce (Kikkoman)
1 EL Zucker
schwarzer Pfeffer aus der Mühle
1 EL Sojaöl

Maniok waschen, schälen und in 1 cm dicke Scheiben schneiden. Knoblauch schälen und fein hacken. Aus Knoblauch, Sojasauce, Zucker, Pfeffer und Sojaöl eine Marinade herstellen und die Maniokscheiben darin 2 Stunden marinieren. Dann aus der Marinade nehmen, etwas abtropfen lassen und etwa 4 Minuten grillen.

Zubereitungszeit: ca. 10 Minuten
zzgl. 2 Stunden Marinierzeit

Bambussprossen in Thai-Tempurateig

(Für 4 Personen)

4 junge Bambussprossen am Stück
200 ml Sojaöl
1 Päck. Tippy-Tempuramehl
ca. 100 ml Eiswasser
1 Bd. Koriander
4 EL American-Relish
etwas rotes Chiliöl

1 EL Sesamkörner, geröstet

Eingelegte, konservierte Bambussprossen abtropfen lassen. Das Öl auf 200 °C erhitzen. Das Tempuramehl mit dem Eiswasser anrühren. Die Bambussprossen durch den Teig ziehen und in dem Öl knusprig ausbacken. Auf Küchenkrepp abtropfen lassen und warm stellen. In demselben Öl Koriander ohne Stiel frittieren und ebenfalls abtropfen lassen.

Anrichten:
Jeweils 1 EL Relish auf einen Teller geben, darauf eine gebackene Bambussprosse legen, mit frittiertem Koriander bestreuen und das Chiliöl auf den Teller träufeln. Zum Schluss mit den Sesamkörnern garnieren.

Zubereitungszeit: ca. 10 Minuten

Tipp:
- Tippy-Tempuramehl gibt es im Asiamarkt. Diese asiatische Spezialität wird mit etwas Flüssigkeit und Ei nach Packungsbeilage angerührt. Darin kann man Gemüse, Früchte, Blüten und Fleisch ausbacken.
- American-Relish ist eine leicht scharfe Würzsauce, die es im Glas in jedem Supermarkt zu kaufen gibt.
- Wie man Körner röstet s.S. 71

kochduell

Karamellisierte asiatische Zuckerschoten

Zucker in einem heißen Topf leicht gold-gelb karamellisieren und mit Mangosaft ablöschen. Danach bei kleiner Hitze weiterköcheln, sodass sich der Zucker auflöst. Die Zwiebeln in dünne Spalten schneiden. Von den Zuckerschoten Fäden und Enden entfernen. Zuerst die Zwiebeln etwa 3 - 4 Minuten lang im Sud anschwenken, dann Zuckerschoten dazugeben und noch einmal 3 - 4 Minuten anschwenken. Batida de Coco und Limonensaft zugeben und mit Salz und Pfeffer würzen.

Zubereitungszeit:
ca. 15 Minuten

Tipp:

- Anstelle des Batida de Coco können Sie als alkoholfreie Variante auch Kokosmilch verwenden.
- Dazu passt Ente besonders gut.

(Für 4 Personen)

150 g Zucker
100 ml Mangosaft
2 Zwiebeln
500 g Zuckerschoten
2 EL Batida de Coco
Saft von 1 Limone
Salz
rosa Pfeffer aus der Mühle

Adzukibohnen-Püree mit gerösteten Zwiebeln

(Für 4 Personen)

Für das Püree:
250 g Adzukibohnen
1 1/2 l kaltes Wasser
1/2 TL Salz
3 Kartoffeln
150 g Sellerieknolle
1 kl. Stk. frischer Ingwer
5 g Safranfäden
weißer Pfeffer aus der Mühle
2 EL Olivenöl

Zum Garnieren:
100 g Röstzwiebeln (Fertigprodukt)
50 g Daikon-Keimsprossen

Adzukibohnen über Nacht in 1 1/2 l kaltem Wasser einweichen. Dann Salz zugeben und etwa 30 Minuten lang leicht köcheln lassen. Den Schaum, der sich dabei bildet, regelmäßig abschöpfen. Kartoffeln und Sellerie schälen und in kleine Stücke schneiden. Zusammen mit dem geschälten Ingwerstück und dem Safran nach etwa 15 Minuten hinzu geben und weitere 25 Minuten kochen lassen. Adzukibohnen, Kartoffeln und Sellerie sollten weich sein. Danach den Ingwer entfernen und alles mit einem Pürierstab pürieren. Mit Pfeffer abschmecken.

Das Bohnenpüree auf einem Teller anrichten, mit Olivenöl beträufeln und mit den gerösteten Zwiebeln und den Daikon-Keimsprossen bestreuen.

Zubereitungszeit:
Bohnen über Nacht in Wasser einweichen, danach ca. 70 Minuten.

Tipp:

- Wenn Sie die Daikon-Keimsprossen selber ziehen möchten, gibt es die Samen bei Flora Frey.

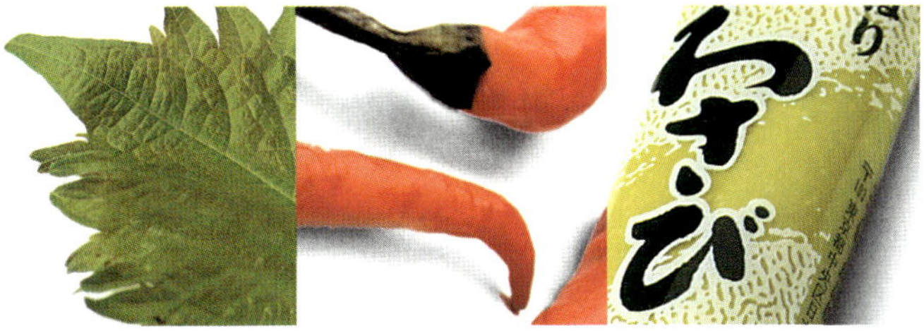

Shisoblätter mit saurem Japanreis

Wasser im Dampftopf zum Kochen bringen und den Reis zusammen mit Essig und Salz nach Packungsanweisung garen. Danach leicht abkühlen lassen. Bonito und eingelegten Ingwer in kleine Würfel schneiden. Chilischote entkernen und ebenfalls in kleine Würfel schneiden. Bonitowürfel, Chili- und Ingwerstückchen vorsichtig unter den Reis mischen. Die Shisoblätter waschen und portionsweise mit dem Reis füllen. Kleine Rollen formen und diese schräg halbieren. Auf Tellern anrichten und mit Sesamkörnern garnieren. Dazu Sojasauce und Wasabipaste servieren.

Zubereitungszeit: ca. 25 Minuten

Tipp:

- Der japanische Sushireis, der als Rundkornreis aufgrund seiner Klebrigkeit gut mit Stäbchen zu essen ist, kann alternativ durch Milchreis ersetzt werden.
- Bonito ist ein Fisch, der u. a. im Pazifik vorkommt. Im Geschmack ähnelt er dem Thunfisch. Man erhält ihn im Asialaden und in einigen gut sortierten Supermärkten.

(Für 4 Personen)

$^{1}/_{2}$ l Wasser
150 g Japanischer Sushireis
1 EL Sushi-Essig
1 Pr. Salz
100 g Bonito, frisch
20 g weißer Ingwer, eingelegt
1 rote lange, milde Chilischote
16 Shisoblätter, frisch

Zum Garnieren:
$^{1}/_{2}$ TL schwarze Sesamkörner
Sojasauce (Kikkoman)
Wasabipaste

kochduell

Frittierter Thai-Spinat in Tamarindenjus

Den Spinat putzen und Stiele entfernen. Öl auf 210 °C erhitzen und die einzelnen Spinatblätter darin kurz knusprig ausbacken und auf Küchenkrepp abtropfen lassen.
Palmzucker leicht karamellisieren. Tamarindenjus, Fischsauce und Limettensaft zugeben und kurz einköcheln lassen.
Die Spinatblätter auf einem Teller anrichten und den Sud dazu servieren.

Zubereitungszeit:
ca. 15 Minuten

Tipp:

- Den hellbraunen Palmzucker gibt es in fingerdicken, runden Scheiben im Asialaden. Man kann ihn mit dem Messer zerdrücken und zerreiben.
- Anstelle des Thai-Spinats können Sie auch einheimischen Spinat verwenden. Samen zum Selberziehen gibt es bei Flora-Frey.

(Für 4 Personen)

500 g Thai-Spinat
$^1/_2$ l Sojaöl
2 Stk. Palmzucker
200 g Tamarindenjus
1 EL Thai-Fischsauce (Tintenfisch)
Saft von 3 Kaffirlimetten

Chinesischer Schnittknoblauch aus dem Dampftopf

(Für 4 Personen)

500 g Schnittknoblauch
50 g Galgant
1 Pandanblatt
1 Knoblauchzehe
1 1/2 l Wasser
etwas Jodsalz
10 g weiße Pfefferkörner, geschrotet
1 EL helles Sesamöl
1 EL rotes Chiliöl

Zum Garnieren:
1 EL Sesamkörner, geröstet

Von dem Schnittlauch die unteren 3 cm abschneiden. Galgant und Pandanblatt in grobe Stücke zerteilen. Die ungeschälte Knoblauchzehe halbieren. Galgant, Pandanblatt und Knoblauch in dem Wasser mit den restlichen Zutaten – bis auf die Öle – in einem Chinesischen Dampftopf zum Kochen bringen. Den Schnittknoblauch auf die Dampftopfsiebe legen, diese auf das Wasserbad stellen und mit einem Deckel verschließen.
Lassen Sie den Schnittknoblauch 10 Minuten kochen. Nach dem Garen das noch knackige Gemüse anrichten. Danach mit Salz und Pfeffer würzen und mit den Ölen bepinseln. Vor dem Servieren mit den Sesamkörnern bestreuen.

Zubereitungszeit: ca. 20 Minuten

Tipp:
- Wenn Sie nicht im Besitz eines Chinesischen Dampftopfes sind, können Sie auch ein Bambuskörbchen in eine Pfanne mit Wasser setzen.

Shiitake-Pilze gefüllt mit asiatischem Ratatouille

Shiitake-Pilze von den Stielen befreien, mit Salz und Pfeffer würzen und in etwas Olivenöl kurz anbraten.

Paprika, Zucchini, Zwiebel, Ananas, Banane und Apfel putzen, ggf. schälen und in kleine Würfel schneiden. Den Knoblauch fein hacken. Minze in feine Streifen schneiden. Alles zusammen mit den Gewürzen in Butter und Olivenöl anschwitzen und abschmecken.
Danach die Shiitake-Pilze mit dem Ratatouille füllen.

Zubereitungszeit: ca. 15 Minuten

(Für 4 Personen)

Für die Pilze:
16 schöne große, frische Shiitake-Pilze
Salz, Pfeffer
1 EL Olivenöl

Für das Ratatouille:
1/4 rote Paprikaschote
1/4 grüne Paprikaschote
1/2 gelbe Zucchini
1 Zwiebel
1/2 Mini-Ananas
1/2 Banane
1/2 Apfel
2 Knoblauchzehen
5 Thai-Minzeblätter
Salz, Pfeffer
1 TL Currypulver
1/2 TL Gelbwurzpulver
1/2 TL Sambal Olek
1 EL Butter
etwas Olivenöl

Palmherzen-Thabule

Cous-Cous nach Packungsbeilage kochen und nach dem Garen solange unter fließendes Wasser stellen, bis es klar wird. Die Petersilie fein schneiden, und den Chili würfeln. Alle Zutaten für das Thabule vermischen und abschmecken. Die Palmherzen abtropfen lassen und längs halbieren. Auf Tellern anrichten und mit Olivenöl beträufeln. Zum Schluss das Thabule über die Palmherzen geben.

Zubereitungszeit:
ca. 25 Minuten

Tipp:

- Thabule heißt soviel wie Sauce. Bei der Aussprache betont man das E.
- Cous-Cous wird aus Gerste hergestellt und ist im Supermarkt erhältlich.

(Für 4 Personen)

Für dasThabule:
150 g Cous-Cous
80 g glatte Petersilie
1 rote Chilischote
1 TL Knoblauch, fein gehackt
Salz, Pfeffer
3 unbehandelte Limonen

500 g eingelegte Palmherzen, aus dem Glas
3 EL Olivenöl

Süßkartoffel-Schaum

(Für 4 Personen)

1 kg Batate-Süßkartoffeln
2 Zwiebeln
2 Knoblauchzehen
1 kl. rote Chilischote
1 EL Sojaöl
1 EL Butter
1 EL Indisches Knoblauch-Chutney
1 EL Sojasauce (Kikkoman)
$^1/_2$ l Gemüsefond (Fertigprodukt)
1 EL Salz aus der Mühle
1 EL weißer Pfeffer aus der Mühle
200 g Joghurt

Zum Garnieren:
1 kl. Bd. Thai-Basilikum

Süßkartoffeln, Zwiebeln und Knoblauch schälen und in feine Würfel schneiden. Die Chilischote mit Kernen in kleine Stücke schneiden.

Öl und Butter erwärmen und die Zwiebeln, Knoblauch-Chutney, Chilischote und die Süßkartoffeln gut anschwitzen, sodass gleich ein kräftiges Aroma ensteht. Danach mit Sojasauce ablöschen und mit dem heißen Gemüsefond auffüllen. Alles etwa 25 Minuten sehr weich kochen und mit Salz und Pfeffer abschmecken.

Mit dem Pürierstab pürieren und schaumig schlagen.

Mit etwas Joghurt anrichten und mit den Blättern des Thai-Basilikum dekorieren.

Zubereitungszeit: ca. 40 Minuten

Tipp:

- Indisches Knoblauch-Chutney besteht aus Mango, Curry und Chili und ist im Asialaden erhältlich.
- Thai-Basilikum kann man mit den Samen von Flora Frey auch selber ziehen.
- Thai-Basilikum sollten Sie vorher am besten in etwas heißem Öl knusprig frittieren, das schmeckt besonders gut.

Peteh-Bohnen in grüner Currypaste

(Für 4 Personen)

400 g Peteh-Bohnen
1 l kaltes Wasser
3 Kaffirblätter
1 lange rote, milde Chilischote
3 EL Sojaöl
1 EL Thai-Currypaste, grün
2 EL Wasser
1 EL Thai-Fischsauce
1 TL Ajinomoto
1 Päck. Asia Sprossen-Mix Tokyo

Peteh-Bohnen ca. 2 Stunden in 1 l Wasser wässern.
Dabei sollte das Wasser etwa alle 15 Minuten ausgewechselt werden. Danach abtropfen lassen.
Kaffirblätter sehr fein schneiden. Chilischote mit Kernen in grobe schräge Scheiben schneiden. Öl erhitzen und die Currypaste anschwitzen. Die Bohnen zugeben und anbraten. Mit Wasser und Ajinomoto ablöschen. Chilischote und Fischsauce zugeben. Nach ca. 5 Minuten anrichten und mit Sprossenmix und den Kaffirblättern bestreuen.

Zubereitungszeit: ca. 35 Minuten

Tipp:
- Ajinomoto (s. S. 65)
- Asia Sprossen-Mix Tokyo beinhalten Mungo-, Soja- und Adzukibohnensprossen. Man bekommt sie abgepackt im Asialaden. Die Samen sind bei Flora Frey erhältlich.

kochduell

Eingelegter Pak Choi

Die Chilischoten mit dem Messer zerdrücken. Aus allen Zutaten – bis auf den Pak Choi – einen Sud herstellen und diesen 20 Minuten leicht köcheln lassen. Zum Schluss den Pak Choi halbieren und zugeben. Nochmals für 10 Minuten abgedeckt köcheln lassen. Den Pak Choi im Sud auskühlen lassen und servieren.

Zubereitungszeit:
ca. 40 Minuten

Tipp:

- Pak Choi können Sie mit Saatgut von Flora Frey leicht selber ziehen.

(Für 4 Personen)

2 Thai-Chilischoten
1/2 l Wasser
4 EL chinesischer Reisessig
2 EL Palmzucker
1 TL Korianderkörner
1 EL grobes Meersalz
1 TL Pimentkörner
1 TL Senfkörner
1 Sternanis
500 g Pak Choi

Thai-Babymais im Zimtsud

(Für 4 Personen)

500 g Babymais

Für den Zimtsud:
1 Vanillestange
6 Knoblauchzehen
1 Stk. Zitronengras
1 l Wasser
200 ml japanischer Reisessig
150 g Palmzucker
5 kl. Chilischoten, scharf
5 Zimtstangen
7 Sternanis
etwas Muskatnuss
8 Kardamomkapseln
100 ml Honig
50 g frischer grüner Pfeffer
Salz
4 Kaffirblätter

Mais waschen und auf Küchenkrepp abtropfen lassen.

Vanillestange der Länge nach halbieren und den Knoblauch schälen. Zitronengras in grobe schräge Stücke schneiden. Zusammen mit den übrigen Zutaten des Suds ca. 20 Minuten köcheln lassen.
Babymais in ein Gefäß oder Einmachglas geben und mit dem noch warmen Sud bedecken. Abdecken bzw. Glas verschließen und das Ganze drei Tage durchziehen lassen.

**Zubereitungszeit: ca. 30 Minuten
zzgl. 3 Tage zum Ziehen**

Tipp:
- Der gelbliche japanische Reisessig ist milder als der klare chinesische, der außerdem sehr viel Schärfe hat. Alternativ kann man auch Weißweinessig verwenden.
- In den dreikantigen, grünen Kardamomkapseln sind jeweils 4 - 6 Samen enthalten, die als Gewürz dienen.

Raffinierte Suppen

Asiatische Suppen eignen sich hervorragend als Vorspeise. Damit stimmen Sie Ihre Gäste auf eine besondere Weise auf jedes exotische Menü ein.

Nori-Reissuppe mit Mu-erh-Pilzen

Algen etwa 10 Minuten wässern und in Streifen schneiden. Die Mu-erh-Pilze in lauwarmem Wasser mindestens 15 Minuten lang einweichen, bis sie weich werden. Danach die Pilze ausdrücken und in kleine Stücke schneiden. Tan oh waschen und sowohl die Stiele, als auch die Blätter in 2 cm große Stücke schneiden.
Reis in Wasser nach Packungsanleitung sehr weich kochen und nach dem Garen mit Salz und Pfeffer würzen. Mit einem Pürierstab nicht zu fein pürieren. Mit Salz und Pfeffer abschmecken und vom Herd nehmen. Algen, Mu-erh-Pilze und Tan oh unterheben und das Ganze in Schälchen anrichten. Sojasauce und Pfeffer zugeben. Mit in Röllchen geschnittenem Schnittknoblauch dekorieren.

Zubereitungszeit:
ca. 35 Minuten

Tipp:

- Sojasaucen werden von der Firma Kikkoman in zwei Varianten angeboten: zum einen die normale Sojasauce und zum anderen Sojasauce Süß. Desweiteren sind in gut sortierten Asialäden die süßliche Teriyaki-Marinade und die würzige Sukiyaki-Bouillon von Kikkoman erhältlich. Sie können diese Saucen auch bei Tisch servieren – so kann jeder nach seinem eigenen Geschmack nachwürzen.

(Für 4 Personen)

150 g Algen
30 g Mu-erh-Pilze, getrocknet
100 g Tan oh
150 g Basmatireis
1/2 l Wasser
Salz, weißer Pfeffer aus der Mühle
etwas Sojasauce (Kikkoman)

Zum Garnieren:
etwas Schnittknoblauch

Chinesischer-Kohlrabi im Korianderwurzel-Sud

(Für 4 Personen)

1 kl. Bd. Chinesischer-Koriander mit Wurzel
1½ l Gemüsebrühe oder Geflügelfond (Fertigprodukt)
100 g Breite Reisnudeln
1 Chinesischer-Kohlrabi
3 EL Thai-Fischsauce (Tintenfisch)
schwarzer Pfeffer aus der Mühle
1 EL Knoblauch, geröstet

Die Wurzeln des Korianders entfernen und die Blätter grob zupfen. Gemüsebrühe erhitzen und die Korianderwurzel zugeben. Die Reisnudeln in kaltem Wasser einweichen (siehe Packungsbeilage). Den Kohlrabi schälen und in 4 cm große Stücke schneiden. Die Kohlrabistücke in diesem Korianderwurzel-Sud für ca. 20 Minuten leicht garen. Danach mit Fischsauce abschmecken und zum Schluss die Reisnudeln zugeben, aber nicht mehr kochen lassen.
Vor dem Servieren mit Pfeffer, geröstetem Knoblauch und Korianderblättern bestreuen.

Zubereitungszeit: ca. 35 Minuten

Tipp:

- Gerösteten Knoblauch gibt es im Asialaden als Fertigprodukt. Man kann ihn aber auch selber herstellen: Falls Sie keine Fritteuse besitzen, geben Sie Öl in einen Topf und erhitzen Sie es auf etwa 210 °C. Nun geben Sie fein gehackten Knoblauch hinein und frittieren ihn, bis er goldbraun ist. Das so nebenbei entstandene geröstete Knoblauchöl ist übrigens besonders gesund und kann für viele Gerichte verwendet werden.
- Anstelle des einheimischen Korianders können Sie auch den Chinesischen Blatt-Koriander verwenden.

Rau Om Schaumsüppchen

(Für 4 Personen)

250 g Rau Om
2 Zwiebeln
4 Knoblauchzehen
50 g Champignons, frisch
1 EL Butter
1 TL Tendooripaste
100 ml Sahne
150 ml Geflügelfond
100 g Kefir
Muskatnuss
Salz, weißer Pfeffer aus der Mühle

Rau Om waschen und in Stücke schneiden. Zwiebeln und Knoblauch schälen und fein hacken. Champignons putzen und Stiele entfernen.
Die Zwiebeln mit der Butter in einem Topf glacieren. Rau Om zugeben und mit anschwitzen. Tendooripaste, Knoblauch und Champignons zugeben und kurz mit anschwenken. Mit Sahne, Geflügelfond und Kefir auffüllen und ca. 15 Minuten leicht köcheln.
Danach pürieren und mit Muskatnuss, Salz und Pfeffer abschmecken.

Zubereitungszeit: ca. 25 Minuten

Tipp:
- Tendooripaste ist eine asiatische Würzpaste, die es im Asialaden gibt.

kochduell

Strohpilze im Zitronengras-Sud

Die Strohpilze putzen und vierteln. Das Zitronengras schräg in grobe Stücke zerteilen und in Wasser 10 Minuten leicht köcheln lassen. Mit Ajinomoto, Fischsauce und Limonensaft abschmecken. Die Chilischote leicht zerdrücken und eine Zwiebel in dünne Spalten schneiden. Nun die Strohpilze, Chili und die Zwiebelspalten zur Suppe geben und 5 Minuten weiter köcheln.
Vor dem Servieren den leicht zerstoßenen Pfeffer in die Suppe geben und beim Anrichten mit den in feinste Streifen geschnittenen Kaffirblättern bestreuen.

Zubereitungszeit:
ca. 25 Minuten

Tipp:

- Ajinomoto ist ein japanischer Geschmacksverstärker aus Monosodium-Glutamat und ist im Asialaden erhältlich.
- Thai-Fischsauce ist eine salzige Würzsauce aus fermentiertem Fisch. Es gibt sie in verschiedenen Geschmacksrichtungen. Je nach Gericht eignet sich die eine oder andere besser. Man bekommt sie im Asialaden. Angebrochene Flaschen sind im Kühlschrank etwa $^{1}/_{2}$ Jahr haltbar.

(Für 4 Personen)

300 g Strohpilze, frisch
3 Stangen Zitronengras
1 l Wasser
1 EL Ajinomoto
etwas Thai-Fischsauce (Sardinen)
Saft von 3 Limonen
2 kl. rote Thai-Chilischoten
1 Zwiebel

Zum Garnieren:
1 EL eingelegter Grüner Pfeffer
4 Kaffirblätter

Schnell und gesund – Kochen mit dem Wok

Der Wok stammt ursprünglich aus China. Dort hing der halbrunde, flache Eisentopf schon vor mehreren tausend Jahren über dem offenen Feuer. Sämtliche Speisen, bis auf den Reis, wurden schon damals im Wok zubereitet.

Heute erfreut sich der Wok weit über Chinas Grenzen hinaus zunehmender Beliebtheit. Und das hat seinen Grund: Da die Zutaten nur kurz und knackig und mit wenig Öl zubereitet werden, sind die Gerichte aus dem Wok sehr vitaminreich und schnell zubereitet.

Bei uns hat der Elektroherd die offene Feuerstelle ersetzt, weshalb die modernen Woks aus Aluguss bestehen und einen flachen Standboden besitzen. Noch besser geeignet sind allerdings Gasherde, da sich hier die Hitze gleichmäßiger unter dem Wok nach oben verteilen kann.

Es gibt auch Woks mit Rechauds (Gasbrennern), so dass das Gericht bei Tisch zubereitet werden kann. Diese Methode eignet sich besonders gut, wenn man Gäste hat, da das Garen im Wok nur wenige Minuten dauert und man so in geselliger Runde je nach Geschmack auch verschiedene Gänge nacheinander zubereiten kann. Dazu sollten alle Zutaten geputzt und klein geschnitten sein und alle Saucen und Gewürze bereitstehen, da das Kochen sehr schnell geht:

Der trockene Wok wird zuerst stark erhitzt. Danach gibt man eine kleine Menge Öl dazu, etwa 1 EL. Nun werden je nach der Dauer ihrer Garzeit der Reihe nach die Gemüse hinzugefügt. Fleisch oder Fisch sollte man vorher kurz in Speisestärke wenden, so dass sie keinen Saft verlieren. Beides sollte man vor dem Gemüse braten und auf dem halbrunden Abtropfgitter warm halten, bis das Gemüse gar ist. Ein solches Abtropfgitter wird in der Regel mit dem Wok geliefert. Die Zutaten müssen ständig gerührt und gewendet werden, damit sie nicht anbrennen. Dazu eignet sich bestens eine Wokschaufel, deren Kante der Wölbung des Woks angepasst ist. Was gar ist, wird an den Rand geschoben und dort warmgehalten.

Man kann den Wok auch zum Frittieren verwenden: Dazu genügen 3 - 4 EL Öl. Damit das Gemüse beim Frittieren nicht zerfällt, wälzen Sie es vorher in Tempurateig. Zum Herausnehmen benötigen Sie einen Sieblöffel. Verwenden Sie zum Dämpfen und Schmoren im Wok den mitgelieferten Deckel.

Sollten Sie einen Eisenwok besitzen, hier noch ein Hinweis: Spülen Sie ihn niemals mit Wasser aus, da er sonst Rost ansetzt. Besser mit einem Bambusbesen ausfegen und dann dünn mit Öl ausstreichen.

Exotische Salatvariationen

Die asiatische Küche mit ihren zahlreichen exotischen Gemüsen und Früchten bietet beste Voraussetzungen für knackige, gesunde und erfrischende Salatvariationen. Lassen Sie sich von einigen Beispielen inspirieren.

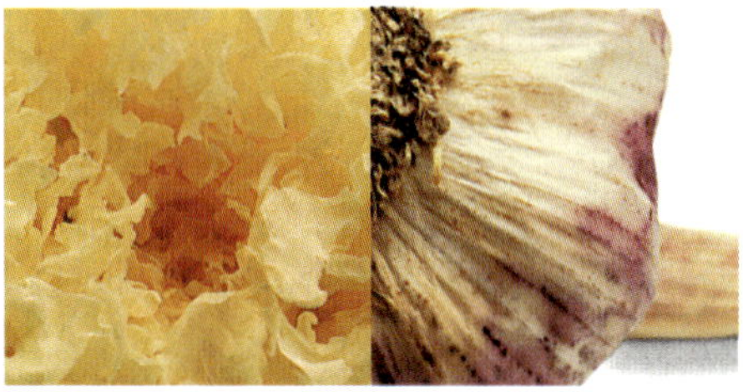

Weißer Wolkenohrpilzsalat

(Für 4 Personen)

4 Wolkenohrpilze, getrocknet
2 Stangen Frühlingslauch
4 Curryblätter
1 EL geröstetes Knoblauchöl
1 EL Sojasauce (Kikkoman)
1 EL Thai-Fischsauce
1 TL rosa Pfefferkörner, geschrotet
Saft von 1 Orange
Saft von 1 Zitrone

Weichen Sie die getrockneten Wolkenohrpilze etwa 15 Minuten lang in lauwarmem Wasser ein. Wenn die Pilze weich sind, ausdrücken und von den Lamellen befreien. Den Lauch putzen und wie die Curryblätter in Streifen schneiden. Die restlichen Zutaten für die Sauce miteinander vermischen und abschmecken. Zum Schluss die Pilze unterheben.

Zubereitungszeit: ca. 20 Minuten

Tipp:

- Wie man geröstetes Knoblauchöl selbst herstellt s. S. 62

Salat mit eingelegtem Thai-Knoblauch

(Für 4 Personen)

1 Glas eingelegter Miniknoblauch (150 g netto)
1 EL frischer Ingwer
1 kl. Thai-Chilischote
250 g Ruccola
1 EL Thai-Fischsauce
Sansho-Pfeffer, gemahlen
Saft von 1 Zitrone
1 EL Olivenöl

Die Flüssigkeit des eingelegten Knoblauchs abgießen. Den Ingwer schälen und in feine Streifen schneiden. Die Chilischote mit Kernen in feine Röllchen schneiden. Ruccola waschen und Stiele abzupfen. Alle Zutaten vermischen und abschmecken.

Zubereitungszeit: ca. 10 Minuten

Tipp:

- Dazu schmecken Asia-Nudeln oder Asia-Reis, aber auch Fisch- und Geflügelgerichte.
- Sansho-Pfeffer ist ein japanischer Bergpfeffer, den man in Asialäden bekommen kann.
- Eingelegter Knoblauch (s.S. 38)
- Wenn zu der Thai-Fischsauce keine Geschmacksrichtung angegeben ist, so hat das einen Grund: Ich möchte Sie zum Experimentieren anregen! Welche Sorte schmeckt Ihnen am besten?

Jackfruitsalat

Zuerst den Reis etwa 20 Minuten in Salzwasser leicht köcheln lassen. Jackfruit abtropfen lassen und vierteln. Die Paprika in dünne, feine Streifen schneiden. Beides mit allen übrigen Zutaten vermischen und abschmecken. Vor dem Servieren mit gezupftem Koriander bestreuen.

Zubereitungszeit:
ca. 25 Minuten

Tipp:

- Schwarzer Thai-Klebereis ist ein Rundkornreis, in seiner Konsistenz ähnlich unserem Milchreis und daher gut mit Stäbchen zu essen.
- Kerne und Nüsse können Sie ganz einfach selber rösten: Geben Sie Olivenöl in eine Pfanne. Wenn das Öl heiß ist, geben Sie die geschälten Nüsse hinzu und lassen sie anbräunen. Sie werden an dem herrlichen Aroma merken, wann die Nüsse gut sind.
- Dieser Salat passt besonders gut zu Entengerichten.

(Für 4 Personen)

100 g schwarzer Thai-Klebereis
16 Stk. Jackfruit aus der Dose
1 rote Paprikaschote
150 g Sojakeimlinge
1 EL Reisessig
2 EL Olivenöl
Saft von 2 Limonen
2 EL Thai-Fischsauce
1 EL Korinthen
1 EL Pinienkerne, geröstet

Zum Garnieren:
1 kl. Bd. Koriander

Salat von grünem Thai-Spargel in Ingwerpesto

(Für 4 Personen)

Für den Salat:
500 g grüner Thai-Spargel
1 EL Sojaöl

Für das Ingwerpesto:
1 EL eingelegter rosa Ingwer
1 EL frischer Ingwer
1 rote Chilischote
1 EL Knoblauch
1 EL Olivenöl
1 TL Ingwerpulver
weißer Pfeffer aus der Mühle
etwas grobes Naturmeersalz
1 TL Teriyaki-Marinade (Kikkoman)
1 EL Koriander, frisch

Den Spargel schälen und in 10 cm lange Stücke schneiden. Das Sojaöl im Wok oder in der Pfanne erhitzen und die Spargelstücke darin kurz stark anbraten. Der Spargel sollte noch knackig sein. Mit etwas Wasser ablöschen und zur Seite stellen.

Den eingelegten Ingwer in Streifen schneiden. Frischen Ingwer schälen, Chilischoten entkernen und beides in sehr feine Streifen schneiden und den Knoblauch fein hacken. Das Olivenöl mit sämtlichen Zutaten vermischen und abschmecken. Zum Schluss den noch lauwarmen Spargel mit dem Ingwerpesto überziehen.

Zubereitungszeit: ca. 15 Minuten

Tipp:

- Eingelegten Ingwer gibt es im Asialaden. Seine rosa Färbung erhält er durch Lebensmittelfarbe.

Enokitake-Pilze mit Spinatsalat in Curry-Vinaigrette

(Für 4 Personen)

250 g frische Enokitake-Pilze
250 g (1 kl. Kopf) Spinatsalat
1 EL Thai-Basilikum
2 rote Chilischoten
1 EL Currypulver
100 ml Gemüsefond (Fertigprodukt)
1 TL helles Sesamöl
2 EL Olivenöl
1 EL Sojasauce (Kikkoman)
1 EL Sesamkörner
Salz
schwarzer Pfeffer aus der Mühle

Die Pilze säubern und Stiele etwas kürzen. Den Spinatsalat putzen und grob zupfen. Das Basilikum fein hacken. Die Chilischoten entkernen und in feine Würfel schneiden.
Das Currypulver in einer beschichteten Pfanne leicht anrösten. Mit dem Gemüsefond ablöschen und vom Herd nehmen. Mit den restlichen Zutaten mischen und abschmecken. Zum Schluss die Enokitake-Pilze ganz mit in die Vinaigrette geben.
Den Spinatsalat nun auf Tellern anrichten und mit der Vinaigrette überziehen und nochmals mit Pfeffer bestreuen.

Zubereitungszeit: ca. 15 Minuten

Tipp:

- Helles Sesamöl stammt von frischen Sesamkörnern. Das dunkle Sesamöl wird aus geröstetem Sesam gewonnen, dadurch kommt der Geschmacksunterschied zustande.

kochduell

Schwarze Bohnen mit römischem Salat

Die schwarzen Bohnen in etwas Salzwasser etwa 20 Minuten lang leicht köcheln und unter fließendem Wasser abspülen. Die Eigelbe schaumig schlagen und beide Ölsorten langsam einfließen lassen, sodass eine glatte Masse entsteht. Gehackten Knoblauch und Zwiebel mit dem Essig, etwas Pfeffer, Kreuzkümmelpulver und grob gehackter Petersilie vermischen.
Den Salat putzen und pro Person drei schöne mittelgroße Blätter aussuchen. Die Salatblätter auf den Tellern anrichten, die Bohnen darin verteilen und mit dem Dressing überziehen. Den Käse zusammen mit der abgeriebenen Limonenschale und etwas Pfeffer über den Salat streuen.

Zubereitungszeit:
ca. 25 Minuten

Tipp:

- Peccorinokäse wird aus Schafsmilch hergestellt. Sollten Sie ihn nicht bekommen, können Sie auch Parmesankäse verwenden.
- Chinesischer roter Essig wird aus rotem Reiswein hergestellt, Sie können aber auch Rotweinessig verwenden.
- Anstelle der glatten Petersilie können Sie auch Japanische Petersilie verwenden. Sämereien gibt es bei Flora Frey.

(Für 4 Personen)

150 g schwarze Bohnen, getrocknet
Salz
4 Eigelb
2 EL Olivenöl
2 EL Erdnussöl
1 EL Knoblauch, gehackt
1 EL Zwiebel, gehackt
1 EL chinesischer roter Essig
weißer Pfeffer aus der Mühle
$^{1}/_{2}$ TL Kreuzkümmelpulver
1 kl. Bd. glatte Petersilie
2 kl. Köpfe römischer Salat
2 EL Peccorinokäse, gerieben
2 unbehandelte Limonen

Daikonspiralen im Sake-Dip

(Für 4 Personen)

2 Daikonrettiche
200 ml Sake
3 EL Zucker
2 EL Sojasauce (Kikkoman)
200 g Rauke
2 Karotten
2 rote Chilischoten

Den Rettich schälen und in 10 cm lange Stücke schneiden. Mit dem Spiralschneider Spiralen herstellen. Sake, Zucker und Sojasauce einkochen lassen und die Spiralen ca. 15 Minuten darin leicht garen lassen.
Rauke waschen, von den Stielen befreien und abtropfen lassen. Auf einem Teller anrichten und die Rettichspiralen darauf legen. Karotten schälen, in feine Streifen schneiden und mit dem nicht mehr köchelnden Sud vermischen. Den Sud über die Spiralen geben. Die Chilischoten halbieren, entkernen, in feine Streifen schneiden und zum Schluss auf das Gericht streuen.

Zubereitungszeit: ca. 25 Minuten

Tipp:

- Anstelle des Daikon können Sie auch Japanischen Rettich verwenden. Die mild-würzigen Rüben bekommen Sie im Asialaden, oder Sie können Sie selber ziehen. Den Samen gibt es bei Flora Frey.
- Sake ist ein japanischer Reisschnaps. Die alkoholfreie Variante ist Grüner Tee.

Chinesischer Spargelsalat „Celtuce“ mit getrockneten Tomaten aus dem Wok

Den Wildreis in leicht köchelndem Salzwasser etwa 30 Minuten garen. In der Zwischenzeit den Spargelsalat von den äußeren Blättern befreien und in grobe Stücke schneiden. Zwiebel in Spalten schneiden. Shiitake-Pilze entstielen und in Scheiben schneiden. Nun den Wok erhitzen und das Sojaöl zugeben. Alle Zutaten hineingeben und kurz anschwitzen. Mit Sambal Olek, Salz und Pfeffer abschmecken.

Zubereitungszeit: ca. 30 Minuten

Tipp:

- Chinesischer Spargelsalat „Celtuce" ist ein Kopfsalat mit mildem, angenehm bitteren Geschmack und in jedem Asialaden erhältlich. Die Samen zum Selberziehen gibt es bei Flora Frey.
- Sambal Olek ist eine scharfe Würzpaste, die es in jedem Supermarkt gibt.

(Für 4 Personen)

50 g Wildreis
500 g Chinesischer Spargelsalat „Celtuce“
1 Zwiebel
100 g Shiitake-Pilze
2 EL Sojaöl
100 g getrocknete Tomaten
50 g Thai-Basilikum
1 TL Sambal Olek
Salz, Schwarzer Pfeffer aus der Mühle

kochduell

Salat von Komatsuma „Green Boy“

Den Komatsuma putzen und in 10 cm grobe Stücke schneiden. Das Sesamöl im heißen Wok erwärmen und die Komatsumastücke kurz knackig anbraten. Vom Herd nehmen und mit den restlichen Zutaten mischen und abschmecken. Den Salat noch lauwarm servieren.

Zubereitungszeit:
ca. 10 Minuten

Tipp:

- Komatsuma „Green Boy“ ist ein japanischer Blattsalat, der unserem Spinat sehr ähnlich ist, allerdings schmeckt er etwas süßlicher.
- Anstelle des Komatsuma können Sie auch frische Salatchrysanthemen verwenden, die allerdings äußerst selten frisch erhältlich sind. Sie können sie mit Saatgut von Flora Frey aber auch selber ziehen.
- Servieren Sie dazu Reis.

(Für 4 Personen)

500 g Komatsuma „Green Boy“
1 EL helles Sesamöl
1 EL Sesamkörner, geröstet
1 EL geröstetes Knoblauchöl
1 EL Sojasauce (Kikkoman)
2 EL Thai-Fischsauce
1 EL Reisessig
1 TL Korianderpulver
1 EL frischer Koriander, geschnitten
1 TL Sansho-Pfeffer, gemahlen
1 TL Gelbwurzpulver

Preaw Leaf Dressing

(Für 4 Personen)

2 Stk. Preaw Leaf
50 g Macadamia-Nüsse, geröstet (Fertigprodukt)
50 g Thai-Schalotten
1 TL Madras-Currypulver
2 EL Weißweinessig
100 ml Geflügelbrühe (Fertigprodukt)
Salz
Weißer Pfeffer aus der Mühle
2 EL Olivenöl
1 EL Sojaöl

Preaw Leaf putzen und in feinste Streifen schneiden. Macadamia-Nüsse fein schroten. Thai-Schalotten fein schneiden. Currypulver in der Pfanne ohne Öl leicht erwärmen. Mit Essig ablöschen. Preaw Leaf dazugeben und mit Geflügelbrühe auffüllen. Etwa 1 Minute aufkochen lassen. Thai-Schalotten, Salz, Pfeffer, Olivenöl, Sojaöl und die Macadamia-Nüsse untermischen.

Zubereitungszeit: ca. 10 Minuten

Tipp:

- Das Dressing passt hervorragend zu Salatherzen, Römischem Salat und außerdem auch zu Fisch und Geflügel.

Feine Saucen und Marinaden

Ob Aioli, Chutney, Salsa, Sud, Relish, Marinade oder Guacamole – sie alle verwandeln die unterschiedlichsten Gerichte in einen ganz besonderen Genuss.

Europagras-Barbecue-Marinade für Spareribs

(Für 4 Personen)

150 g Europagras
3 Knoblauchzehen
1 EL Sesamkörner, geröstet
1 TL helles Sesamöl
1 TL weiße Pfefferkörner
4 EL Erdnussöl
2 EL Sojasauce (Kikkoman)
1 Chilischote, scharf

Knoblauch schälen. Europagras in grobe Stücke schneiden. Zusammen mit allen übrigen Zutaten im Mörser zerdrücken. Spareribs darin 2 Tage marinieren.

Zubereitungszeit: ca. 5 Minuten, zzgl. 2 Tage zum Marinieren

Tipp:
- Wie man Sesamkörner röstet s. S. 71.

Lilienwurzelsud für Fische

(Für 1 kg Fischfilet)

1 EL Wacholderbeeren
1 EL grüne Pfefferkörner, frisch
150 g frische Lilienwurzeln
1 l Wasser
100 ml Weißweinessig
1 TL Senfkörner
2 Lorbeerblätter
4 Limettenblätter
2 EL Puderzucker
1 kl. Bd. Dill
2 EL Honig
1 EL Salz

Wacholderbeeren und Pfefferkörner leicht zerstoßen. Mit den restlichen Zutaten vermischen und erhitzen. Das Ganze etwa 10 Minuten leicht köcheln lassen und die Fischfilets darin vorsichtig garen.
Danach erkalten lassen.

Zubereitungszeit: ca. 25 Minuten

Tipp:
- Lilienwurzeln können Sie auch getrocknet kaufen und wie die frischen weiterverwenden.
- Der Sud schmeckt selbstverständlich auch warm.

Salsa aus grüner Gemüsepapaya

(Für 4 Personen)

1 große Gemüsepapaya
1 kl. Kopf Eisbergsalat
2 kl. rote Chilischoten
2 EL Erdnüsse, geröstet (Fertigprodukt)
2 Karotten
1 EL glatte Petersilie
50 g getrocknete Thai-Shrimps (Fertigprodukt)
1 EL Thai-Fischsauce
Saft von 2 Limonen
Sansho-Pfeffer, gemahlen

Die Gemüsepapaya schälen, aber im Ganzen lassen und mit einem Messer so einschneiden, dass feine Streifen daraus entstehen. Die Blätter des Eisbergsalates einzeln vom Kopf lösen und nicht weiter zerteilen. Chilischoten mit Kernen in dünnste Scheibchen schneiden. Erdnüsse grob schroten, Karotten schälen und in feine Streifen schneiden. Die Petersilie grob hacken. Inzwischen die Shrimps nach Packungsbeilage zubereiten. Alle Zutaten miteinander vermischen, abschmecken und die Salsa in den Salatblättern servieren.

Zubereitungszeit: ca. 15 Minuten

Tipp:

- Achten Sie beim Kauf der Shrimps auf Farbe und Struktur: Die Shrimps sollten ganz lachsfarben sein, dann haben sie die beste Qualität.
- Sansho-Pfeffer (s.S. 69)
- Am besten passt dazu Gegrilltes, auch Gemüse und Obst, wie z. B. Thai-Bananen.

kochduell

Salsa verde aus Japanischer Petersilie

(Für 4-6 Personen)

250 g Japanische Petersilie
4 Knoblauchzehen
100 ml Olivenöl
1 EL Sojasauce (Kikkoman)
1 EL Pinienkerne, geröstet
1 EL Parmesankäse, gerieben
1 TL Minikapern
2 eingelegte Sardellenfilets
Salz
schwarzer Pfeffer aus der Mühle
50 ml Rapsöl

Die Petersilie putzen und grob zerteilen und den Knoblauch schälen. Zusammen mit allen anderen Zutaten in einen Mixer geben und nicht zu fein pürieren.

Zubereitungszeit: ca. 5 Minuten

Tipp:

- Die Salsa verde passt am besten zu Fisch und Geflügel.
- Frisch vom Stück gerieben schmeckt der Parmesan viel intensiver als die fertig geriebene Variante aus der Tüte.

Thai-Chili-Papaya-Guacamole

Die Chilischoten entkernen und in Stücke schneiden. Papaya halbieren, ebenfalls entkernen und das Fleisch mit einem Löffel aus der Schale nehmen. Den Knoblauch samt Schale durch eine Knoblauchpresse drücken und alle Zutaten im Mixer pürieren.
(Foto s. S. 81)

Zubereitungszeit: ca. 10 Minuten

Tipp:
- Guacamole ist ein anderes Wort für Salsa und wird als Dip zu gegrilltem Fleisch serviert.

(Für 4 Personen)

2 rote Vogelaugen-Chilischoten
2 grüne Vogelaugen-Chilischoten
1 große sehr reife Gemüse-Papaya
3 Knoblauchzehen
Saft von 2 Limonen
Salz, weißer Pfeffer aus der Mühle
1 Pr. Zucker
5 EL Olivenöl

Bittergurken-Chutney

Bittergurken waschen und in grobe Stücke schneiden. Zwiebeln schälen und fein schneiden.
Zitronengras in grobe Stücke schneiden. Bittergurken, Zwiebeln und Zitronengras zusammen mit den restlichen Zutaten in warmem Vegetable Ghee erwärmen und ca. 10 Minuten köcheln lassen. In Gläsern einmachen.

Zubereitungszeit: ca. 25 Minuten

Tipp:
- Das Chutney können Sie 2 Monate lang aufbewahren.
- Man serviert es kalt zu gegrilltem Fisch und Geflügel.
- Vegetable Ghee ist eine rein pflanzliche Würzpaste, die Sie im Asialaden bekommen.

(Für 4 Personen)

4 Bittergurken
2 Zwiebeln
1 Stk. Zitronengras
1 TL Gelbwurzpulver
1 TL Currypulver
1 TL Knoblauch, gehackt
1 TL Ingwer, gehackt
1 EL Korinthen
3 EL Palmzucker
Saft von 2 Limonen
Salz
1 EL Vegetable Ghee

Galgant-Aioli

(Für 4 Personen)

4 Enteneier
100 ml Olivenöl
100 ml Erdnussöl
100 g Galgant
1 EL Sojasauce (Kikkoman)
Salz, weißer Pfeffer aus der Mühle
etwas Limonensaft
2 EL Zwiebeln
3 Knoblauchzehen
1 Stange Frühlingslauch
1 lange rote Chilischote

Die Enteneier trennen und das Eigelb schaumig aufschlagen. Langsam die Öle hineinlaufen lassen. Galgant schälen und in die Masse hinein reiben. Sojasauce untermischen. Mit Salz und Pfeffer abschmecken und mit Limonensaft verfeinern.
Zwiebeln und Knoblauch schälen und beides in kleine Würfel schneiden. Auch der geputzte Frühlingslauch und die entkernte Chilischote müssen in feine Würfel geschnitten werden. Alle Zutaten miteinander vermengen und nochmals abschmecken.

Zubereitungszeit: ca. 10-15 Minuten

Tipp:
- Dieses Aioli passt sehr gut zu gegrilltem Fisch und Geflügel.
- Aus dem Enteneiweiß können Sie Vanille-Milchschnee-Eier herstellen: Dazu schlagen Sie die Eiweiße mit etwas Zucker steif. Dann etwas Milch aufkochen und nach Geschmack Zucker hinzufügen. Mit etwas Mondamin andicken. Das geschlagene Eiweiß auf einen Löffel geben und diesen etwa 5 Minuten in der Milch drehen, bis das Eiweiß gar ist.
- Sie können anstelle der Enteneier auch Hühnereier verwenden.

Köstliche Ideen für den Hauptgang

Nicht weniger fein sind die „großen" Gerichte mit exotischem Gemüse. Dabei bedeutet „groß" nicht zwangsläufig auch mehr Mühe bei der Vorbereitung. Hier stelle ich Ihnen eine Auswahl vor. Genießen Sie dazu gegrilltes Fleisch, Fisch oder Geflügel, oder einfach Asia-Reis oder Asia-Nudeln.

Chayoten in aufgeschlagener Balsamessigbutter

(Für 4 Personen)

1 EL rote milde Chilischote
150 g weiche Butter
Salz
weißer Pfeffer aus der Mühle
1 EL Knoblauch, gehackt
1 EL Estragon
2 EL Balsamessig
3 Eigelb
4 EL Paniermehl
4 Chayoten
1 EL Parmesankäse, gerieben

Zum Garnieren:
1 kl. Bd. Koriander

Chilischote entkernen und in feine Würfel schneiden. Die weiche Butter schaumig schlagen, mit Salz und Pfeffer würzen. Knoblauch, Chili und Estragon zugeben und den Balsamessig langsam einträufeln. Zum Schluss das Eigelb und 2 EL Paniermehl untermischen. Chayoten schälen, entkernen und in Spalten schneiden. In eine feuerfeste Form legen, mit der schaumigen Butter bestreichen und das restliche Paniermehl sowie den Parmesan darüber streuen. Danach im Backofengrill etwa 3 Minuten bei starker Hitze gold-gelb gratinieren.
Vor dem Anrichten mit Koriander bestreuen.

Zubereitungszeit: ca. 15 Minuten

Mungobohnen-sprossen in Frühlingsrollenteig

Thai-Frühlingszwiebeln längs in feine Streifen schneiden. Knoblauch schälen und fein hacken.
Öl erhitzen und die Sprossen mit dem Knoblauch und den Frühlingszwiebeln kurz scharf anbraten. Mit Sojasauce und Sambal Olek würzen und die Masse abkühlen lassen.
Geben Sie nun die Masse auf die aufgetauten Frühlingsrollenplatten. Die Platten an den Außenrändern mit dem verquirlten Ei bepinseln, zusammenrollen und in heißem Öl etwa 5 Minuten knusprig braten.

Zubereitungszeit: ca. 15 Minuten

Tipp:

- Frühlingsrollenplatten sind als TK-Fertigprodukt in ca. 20 x 20 cm großen Platten erhältlich.
- Wenn Sie die Mungobohnensprossen selber ziehen möchten, bekommen Sie die Samen bei Flora Frey.

(Für 4 Personen)

2 Thai-Frühlingszwiebeln
2 Knoblauchzehen
2 EL Sonnenblumenöl
350 g Mungobohnensprossen
2 EL Sojasauce (Kikkoman)
1/2 TL Sambal Olek
4 Frühlingsrollenplatten
1 Ei

Japanischer Blattkohl „Mizuna Early" in Kokosmilch-Vinaigrette

Zwiebeln in Spalten schneiden. Kohl putzen und in 10 cm große Stücke zerteilen. Zitronengras in grobe, schräge Stücke schneiden. Kaffirblätter in grobe Stücke zerbrechen. Öl im Wok erhitzen und die Currypaste darin kurz anbraten. Zwiebeln und Blattkohl dazugeben und kurz im Wok schwenken. Mit Zitronengras, Kaffirblättern, Kokosmilch, Thai-Fischsauce, Pfeffer und Sojaöl abschmecken. Thai-Minze putzen, von den Stielen befreien und ganze Blätter vor dem Servieren über den Blattkohl streuen.

Zubereitungszeit:
ca. 15 Minuten

Tipp:

- Besonders gut schmecken dazu gegrillte Rumpsteaks.
- Alternativ zu dem sehr scharfen Szechuan-Pfeffer können Sie auch jeden anderen scharfen Pfeffer verwenden.

(Für 4 Personen)

100 g Zwiebeln
500 g Japanischer Blattkohl
1 Stk. Zitronengras
4 Kaffirblätter
1 TL Chiliöl
1 TL rote Thai-Currypaste
250 ml Kokosmilch, ungesüßt
2 EL Thai-Fischsauce
1/2 TL Szechuan-Pfeffer
1 EL Sojaöl
30 g Thai-Minze

kochduell

Mini Pak Choi süß-sauer

Den Mini Pak Choi waschen und das Wurzelende entfernen. Pfanne oder Wok erwärmen, Sesamöl zugeben und die Pak Choi-Blätter kurz und knackig anschwenken. Mit Salz und Pfeffer würzen. Auf einem Teller anrichten und warm halten. Sojaöl in einem Topf auf 190 °C erhitzen und die Glasnudeln darin schnell knusprig ausbacken. Auf Küchenkrepp abtropfen lassen. Die Kerne der Chilischoten entfernen und die Schoten in feine Streifen schneiden. Knoblauch schälen und in dünne Scheiben schneiden. Den Ingwer ebenfalls in Streifen schneiden. Chili, Knoblauch und Ingwer zusammen mit Wasser, Reisessig, Palmzucker, Ketchup, Salz und Pfeffer etwa 2 Minuten leicht köcheln lassen. Das Kartoffelmehl mit etwas kaltem Wasser anrühren und damit das Ganze zu einer süß-sauren Sauce abbinden. Pak Choi anrichten und mit der Sauce überziehen. Darauf die knusprigen Glasnudeln anrichten.

Zubereitungszeit:
ca. 20 Minuten

(Für 4 Personen)

500 g Mini Pak Choi
1 EL Sesamöl
Salz, Pfeffer
50 g Sojaöl
30 g Glasnudeln
2 rote Chilischoten, nicht scharf
2 Knoblauchzehen
50 g Ingwer, frisch
100 ml Wasser
40 ml japanischer Reisessig
80 g Palmzucker
1 EL Ketchup
1 EL Kartoffelmehl

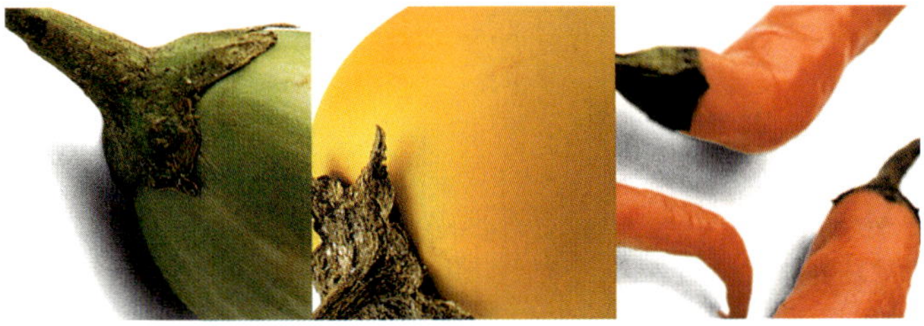

Thai-Auberginen süß-sauer

(Für 4 Personen)

4 grüne Auberginen
4 gelbe Auberginen
4 weiße Auberginen
3 Knoblauchzehen
3 rote lange, nicht scharfe Chilischoten
1 EL Sojaöl
150 g Zucker
3 EL japanischer Reisessig
2 EL Wasser
Salz

Auberginen waschen, Strunk entfernen und in Spalten schneiden. Knoblauchzehen schälen und fein hacken. Chilischoten mit Kernen in kleine Würfel schneiden.
Wok erhitzen, Öl zugeben und die Auberginen 3-4 Minuten lang nicht zu weich garen. Knoblauch, Chilischoten und Zucker zugeben und ca. 4 Minuten schwenken. Mit Reisessig und Wasser ablöschen und mit Salz abschmecken.

Zubereitungszeit: ca. 10-15 Minuten

Tipp:

• Am besten servieren Sie dazu Thai-Reis.

Tarowürfel mit Speck und Zwiebeln

(Für 4 Personen)

Für die Tarowürfel:
1 kg Taro
2 Zwiebeln
150 g geräucherter Speck
1 EL Sojaöl
Salz
Pfeffer aus der Mühle
1 TL Bohnenkraut, frisch

Für den Sprossensalat:
100 g Daikon-Keimsprossen
1 TL Rotweinessig
1 TL Olivenöl
Salz
Pfeffer aus der Mühle
1 Pr. Muskat

Taro schälen, waschen und in 2 cm große Würfel schneiden. In kochendem Salzwasser kurz 3 - 4 Minuten knackig blanchieren. Anschließend auf Küchenkrepp abtropfen lassen.
Zwiebeln schälen und in Würfel schneiden. Speck ebenfalls fein würfeln. Taro in heißem Sojaöl etwa 4 Minuten anbraten. Speck und Zwiebelwürfel zugeben und etwa 4 Minuten mitbraten. Mit Salz und Pfeffer abschmecken und zum Schluss das Bohnenkraut zugeben. Auf Tellern anrichten.

Die Sprossen mit Essig, Olivenöl, Salz und Pfeffer anmachen und dazu servieren.

Zubereitungszeit: ca. 20 Minuten

Tipp:
- Sie können Daikonsprossen auch selber ziehen. Den Samen gibt es bei Flora Frey. Alternativ können Sie auch Sojabohnensprossen verwenden.

Wakame-Sesamkartoffelbällchen

(Für 4 Personen)

Für die Füllung:
100 g Wakame
500 g Kartoffeln
1 EL Koiander, frisch
3 Eigelb
2 EL Kartoffelmehl
Salz, Pfeffer aus der Mühle
Muskatnuss

Für die Panade:
2 Eier
2 EL Kartoffelmehl
2 EL Koriander, frisch
100 g Paniermehl
3 EL Sesamkörner
200 g Sojaöl

Wakame in kleine Würfel schneiden. Kartoffeln gar kochen und durch die Kartoffelpresse drücken. Koriander fein schneiden.
Für die Kartoffelmasse die durchgepressten Kartoffeln, Wakame, Eigelb und Kartoffelmehl mit dem Holzlöffel vermengen. Mit Salz, Pfeffer und Muskat abschmecken. Aus der Masse kleine Bällchen rollen und auskühlen lassen.

Für die Panade die Eier trennen, Eigelbe verquirlen. Die Bällchen in 2 EL Kartoffelmehl und Koriander panieren und anschließend durch das verquirlte Eigelb ziehen.
Paniermehl mit den Sesamkörnern mischen und zum Schluss die Bällchen darin rollen. Dabei leicht andrücken. Sojaöl auf 180 °C erhitzen und die Bällchen darin etwa 2 Minuten ausbacken.

Zubereitungszeit: ca. 25 Minuten

Tipp:
- Dazu schmeckt gegrilltes Kalbfleisch.

Cha Om-Gemüse in Sesam- und Chiliöl

(Für 4 Personen)

500 g Cha Om
1 EL Kokosöl
1 EL Sesamöl
1 EL Indonesische Kejab-Sojasauce
1 EL Thai-Fischsauce
1 EL Sesamkörner, geröstet
1 TL Chiliöl

Cha Om putzen. Den Wok vorwärmen und Kokos- und Sesamöl hineingeben.
Nun Cha Om kurz und stark anbraten. Sojasauce, Fischsauce und Sesamkörner untermischen.
Richten Sie das Gemüse auf einem Teller an und überziehen Sie es mit Chiliöl.

Zubereitungszeit: ca. 15 Minuten

Tipp:

- Indonesische Kejab-Sojasauce ist eine süße dickflüssige Würzsauce. Man bekommt sie im Asialaden.
- Dazu Thai-Reis oder China-Nudeln servieren.

kochduell

Chinakohlröllchen in Ingwerpesto

Die Blätter des Chinakohls ablösen, waschen und in kochendem Salzwasser kurz blanchieren. Danach kurz in kaltes Wasser legen und auf Küchenkrepp abtropfen lassen. Die Blätter von ihrem mittleren Strunk befreien und zu kleinen Rouladen zusammenrollen. In einer Pfanne Öl erhitzen, die Rouladen darin ca. 2 Minuten leicht anbraten und mit Salz und Pfeffer würzen.

Den Ingwer schälen und in kleine Würfel schneiden. Den Knoblauch schälen und den Parmesan reiben. Chilischote entkernen und in feine Würfel schneiden. Nun alle Zutaten in einen Mixer geben, aufschlagen und würzen.
Die Rouladen anrichten und mit dem Pesto überziehen.

Zubereitungszeit:
20 Minuten

Tipp:

- Besonders gut passt dazu gegrilltes Kalbfleisch.

(Für 4 Personen)

Für 8 Röllchen:
1 Chinakohl, mittelgroß
1 EL Olivenöl
Salz, Pfeffer

Für das Pesto:
50 g frischer Ingwer
2 Knoblauchzehen
1 EL Parmesan, gerieben
1 rote Chilischote
50 g Thai-Basilikum
20 g Cashewnüsse, geröstet
50 ml Sojaöl
50 g Rauke
Salz, Pfeffer

Chinesischer Blütenkohl in Limetten-Sud

(Für 4 Personen)

3 Kaffirlimetten
1 kl. Stk. Galgant
1 l Geflügelfond (Fertigprodukt)
500 g Blütenkohl
80 g Butter
Muskatnuss
Salz

Limetten in Scheiben schneiden. Galgant in schräge Scheiben schneiden. Geflügelfond mit Limettenscheiben und Galgant erhitzen. Blütenkohl waschen, die Stiele ca. 2 cm kürzen, den Kopf in den Sud legen und abdecken. 2 Minuten köcheln lassen. Den Kohl herausnehmen, abtropfen lassen und auf einer Platte anrichten. Mit etwas Sud übergießen. Butter in der Pfanne leicht bräunen und mit Muskat und Salz würzen und über das Gemüse geben.

Zubereitungszeit: ca. 8 Minuten

Tipp:

- Chinesischer Blütenkohl ist kein fester runder Kohl, sondern hat lose sitzende Blätter und weiße Blüten. Man erhält ihn im Asialaden oder als Saatgut von Flora Frey.
- Der Blütenkohl schmeckt besonders gut zu pochiertem Fisch.

Chinesischer Wasserkohl mit breiten Reisnudeln

Den Wasserkohl in grobe Stücke schneiden. Reisnudeln in heißem Wasser ca. 10 Minuten einweichen und dann abschütten. Sojaöl im Wok oder in einer Pfanne erhitzen und den Kohl schnell und kurz anbraten.
Reisnudeln untermischen, mit Sojasauce und Knoblauch vermischen. Auf Tellern anrichten und mit den schwarzen und den gerösteten Sesamkörnern bestreuen. Die Sprossen darauf anrichten.

Zubereitungszeit: ca. 25 Minuten

Tipp:

- Asia Sprossen-Mix Bangkok beinhalten Mungobohnen-, Adzukibohnen-, Sojabohnen- und Senfsprossen. Die Samen bekommt man bei Flora Frey.
- Reisnudeln werden aus Reismehl hergestellt. Man erhält sie im Asialaden. Die breite Variante kann man vor der Zubereitung in Stücke brechen.

(Für 4 Personen)

500 g Wasserkohl
250 g breite Reisnudeln
1/2 l Wasser
2 EL Sojaöl
3 EL Sojasauce Süß (Kikkoman)
2 EL Knoblauch, geröstet

Zum Garnieren:
2 EL Sesamkörner, geröstet
1 EL schwarze Sesamkörner
250 g Asia Sprossen-Mix Bangkok

kochduell

Bittermelonen mit asiatischer Trockenbolognese

Bittermelonen in 5 cm große Stücke schneiden und mit einem Kugelausstecher aushöhlen. Danach die ausgehöhlten Bittermelonen in leicht gesalzenem Wasser etwa 5 Minuten garen. Nach dem Garen die Melonen abtropfen lassen und warm stellen.
Öl in einem Topf erhitzen und das Mett darin stark anbraten. Währenddessen das Sesamöl zugeben. Danach mit fein gehacktem Knoblauch, Currypulver, Salz und Pfeffer abschmecken.
Reismehl mit $1\frac{1}{2}$ EL Wasser anrühren. Das Mett damit leicht abbinden und in die Melonen füllen. Bestreuen Sie die Melonen zum Schluss mit fein gehacktem Thai-Basilikum und den entkernten, in Streifen geschnittenen Chilis.
Zum Dekorieren die Jasminreiskörner anrösten, schroten und über das Gericht streuen.

Zubereitungszeit:
ca. 25 Minuten

Tipp:

- Servieren Sie zu den Bittermelonen gedämpften Thai-Reis.
- Jasminreis ist ein langkörniger Reis aus Thailand, der sich durch einen blumigen Duft auszeichnet.

(Für 4 Personen)

4 Bittermelonen
Pfeffer, Salz
1 EL Sojaöl
150 g gemischtes Mett (Rind/Schwein)
1 TL dunkles Sesamöl
1 EL Knoblauch, gehackt
1 TL Madras-Currypulver
Salz, Pfeffer
1 EL Reismehl
1 EL Thai-Basilikum
1 gelbe Chilischote
1 rote Chilischote

Zum Dekorieren:
1 EL Jasminreiskörner

Lotusblütenkerne als Putenschnitzelpanade

(Für 4 Schnitzel)

150 g Lotusblütenkerne, getrocknet
2 Kaffirblätter
1 rote, milde Chilischote
2 Eier
1 kl. Stk. Ingwer
2 Knoblauchzehen, gehackt
1 EL Sellerieblatt, geschnitten

Lotusblütenkerne fein schroten. Kaffirblätter sehr fein schneiden. Chilischote entkernen und in feine Würfel schneiden. Eier aufschlagen. Den Ingwer schälen und fein reiben. Ingwer mit den Eiern, Knoblauch, Kaffirblättern, Chilischote und Sellerieblatt vermischen. Die gewürzten Putenschnitzel durch diese Eimasse ziehen und mit den Lotusblütenkernen panieren und etwa 5 Minuten braten.

Zubereitungszeit: ca. 15 Minuten

Tipp:

- Man kann diese Panade auch für Fisch oder für Gemüse, wie z. B. Auberginen, verwenden.

Spuash von Riesenkürbis „Sweet Mama“ mit Galgantwurzel-Aroma

(Für 4 Personen)

1,5 kg Kürbis
2 Stk. Galgant
1 TL rote Chilischoten, getrocknet
2 Topinamburwurzeln
50 g Butter
1 TL helles Sesamöl
2 EL Pflaumenwein
Muskatblüte
Zimt
Salz
weißer Pfeffer aus der Mühle
80 g Rohrzucker
1 EL Chinesischer Essig

Kürbis schälen, entkernen und sehr grob raspeln. Galgant schälen und in feine Streifen schneiden. Chilischoten fein schroten. Topinamburwurzeln schälen.
Butter und Öl erwärmen und den Kürbis kurz anschwitzen, mit Pflaumenwein ablöschen. Danach den Topf zudecken und den Kürbis nicht zu weich garen. Die Topinamburwurzel zum Abbinden in die Masse reiben. Mit Galgant, Chili, Muskat, Zimt, Salz, Pfeffer, Rohrzucker und Essig abschmecken.

Zubereitungszeit: 10 Minuten

Tipp:

- Spuash heißt soviel wie „gestampftes Gemüse” und schmeckt sehr gut zu Pute, Schweinefleisch oder Shrimps.
- Die Muskatblüte hat einen milderen Geschmack als das Pulver der Muskatnuss.
- Pflaumenwein und Topinamburwurzeln gibt es im Asialaden.

Zitronengrasrelish mit kalten Somennudeln

Die Somennudeln in kochendem Salzwasser 2 Minuten lang nicht zu weich kochen. Dann abschütten und kalt abspülen.
Das Zitronengras von der Wurzel befreien und in feine Scheiben schneiden. Anschließend in einem Mörser fein zerstoßen. Chilischote entkernen und in feine Würfel schneiden. Knoblauch und Zwiebeln schälen und fein hacken. Die Minzeblätter fein zerhacken.
Öl und Limonensaft zugeben und alles gut vermischen. Mit Salz abschmecken.
Zum Schluss das Relish mit den Nudeln vermischen und servieren.

**Zubereitungszeit:
ca. 15 Minuten**

Tipp:

- Somennudeln sind eine von vielen Sorten asiatischer Nudeln, die Sie beliebig variieren können.

(Für 4 Personen)

1 Päck. Somennudeln

Für das Zitronengrasrelish:
6 Stk. Zitronengras
1 rote lange Chilischote
4 Knoblauchzehen
2 Zwiebeln
6 Blätter Thai-Minze
4 EL Olivenöl
Saft von 3 Limonen
Salz

Brokkoli in Flammen

(Für 4 Personen)

2 EL Sojaöl
2 Knoblauchzehen
2 Zwiebeln
500 g Brokkoli
100 ml Geflügelfond
etwas Kartoffelmehl
2 EL Thai-Bohnensauce (Fertigprodukt)
etwas Thai-Fischsauce
etwas Zucker

Öl im Wok erhitzen. Knoblauch mit Schale zerdrücken, Zwiebeln in feine Spalten schneiden und im Wok kurz anschwenken. Brokkoli mit den Stielen in grobe Stücke schneiden und waschen. Schnell in den Wok geben. *Vorsicht:* Durch die starke Hitze entstehen kurz Flammen – der Brokkoli erhält dadurch aber ein ganz eigenes Aroma. Den Geflügelfond mit etwas Kartoffelmehl abbinden. Bohnensauce, Fischsauce, Zucker und Geflügelfond schnell mit dem Brokkoli vermengen und sehr heiß servieren.

Zubereitungszeit: ca. 15 Minuten

Tipp:
- Thai-Bohnensauce gibt es als Fertigprodukt in der Flasche. Sie besteht aus mit Knoblauch und Fischsauce gewürzten Bohnen.
- Gekochte dicke Schweinerippe und Reis passen dazu ganz besonders gut.

Chinesischer Brokkoli mit Erdnusspaste

Den Brokkoli waschen und in grobe Stücke schneiden. Die Stiele dabei mit verwenden. Knoblauchzehen mit Schale zerdrücken. Das Sojaöl in einem Wok oder einer Pfanne erhitzen und Knoblauch darin rasch anbraten. Brokkoli hinzugeben und ebenfalls kurz anbraten. Danach die Erdnuss- und die Chilipaste untermischen und sofort die Kokosmilch zugeben. Kurz mitkochen lassen. Mit Fischsauce und rotem Essig abschmecken. Vor dem Servieren mit dem Chili bestreuen.

Zubereitungszeit: ca. 15 Minuten

(Für 4 Personen)

500 g Chinesischer Brokkoli
3 Knoblauchzehen
2 EL Sojaöl
2 EL Erdnusspaste
1/2 TL rote Chilipaste
150 g Kokosmilch
2 EL Thai-Fischsauce
1 EL Chinesischer roter Essig

Zum Garnieren:
1/2 TL getrocknete Chilischoten, geschrotet

Bananenblüten mit Tofu-Bärlauch-Aioli

Die Blätter der Bananenblüten voneinander lösen, die inneren Lamellen herausnehmen und beides waschen. Zwei der sehr großen, schönen Bananenblütenblätter für die Dekoration beiseite legen, den Rest in feine Streifen schneiden. Knoblauch schälen, fein hacken und die Zwiebeln in Würfel schneiden. Wok oder Pfanne erhitzen und beide Ölsorten erwärmen. Knoblauch darin anrösten, die Zwiebeln dazugeben und anschwenken. Blütenblätterstreifen und Lamellen der Bananenblüten ebenfalls zugeben und kurz anbraten. Mit Salz, Pfeffer und dem Saft der Kaffirlimette abschmecken. Die großen Bananenblütenblätter auf einem Teller anrichten. Die Masse hineinfüllen. Chilischote in feine Streifen schneiden und Koriander grob zupfen und über die Bananenblüten streuen.

Knoblauchzehen schälen und zusammen mit allen anderen Zutaten in einen Mixer geben und pürieren. Zum Schluss noch einmal abschmecken. Als Dip zu den Bananenblüten servieren.

Zubereitungszeit:
ca. 20 Minuten

Tipp:

- Der Seidentofu ist sehr weich und schmeckt zarter und milder als der herkömmliche Tofu.

(Für 4 Personen)

2 frische Bananenblüten
4 Knoblauchzehen
2 Zwiebeln
1 TL Sesamöl
1 EL Sojaöl
Salz, Pfeffer
1 Kaffirlimette

Zum Garnieren:
1 rote Chilischote
1 kl. Bd. frischer Koriander

Für das Aioli:
2 Knoblauchzehen
100 g Seidentofu
100 g Bärlauch
20 g Macadamia-Nüsse, ungesalzen
20 g Parmesan
150 ml Olivenöl
50 ml Sojaöl
1 EL Sojasauce (Kikkoman)
Salz, Pfeffer

Marmit von Perilla „Green Leaved“

(Für 4 Personen)

300 g dicke Schweinerippe
1 1/2 l Wasser
4 Korianderwurzeln
500 g Perilla „Green Leaved“
150 g Shiitake-Pilze
etwas Thai-Fischsauce
schwarzer Pfeffer aus der Mühle
2 EL geröstetes Knoblauchöl
1 TL Chiliöl
etwas frischer Koriander

Dicke Rippe in das kalte Wasser legen und erhitzen, ca. 40 Minuten mit den Korianderwurzeln leicht köcheln lassen.
Danach die Rippe aus dem Sud nehmen und das Fleisch in Streifen schneiden. Perilla „Green Leaved“ putzen und in 5 cm grobe Stücke schneiden. Shiitake-Pilze säubern, vom Stiel befreien und in breite Streifen schneiden. Das Wasser mit Fischsauce würzen. Pilze und Perilla ca. 3 Minuten mitgaren.
Das Fleisch wieder dazugeben. Die Marmit in Schälchen anrichten, mit Pfeffer bestreuen, etwas Knoblauchöl darauf geben und zum Schluss mit Chiliöl beträufeln und mit gehacktem Koriander bestreuen.

Zubereitungszeit: ca. 50 Minuten

Tipp:

- Die Marmit ist mit unseren Eintopfgerichten zu vergleichen.
- Chiliöl kann man selber herstellen, indem man in ein hochwertiges Speiseöl einige rote Chilischoten gibt und das Ganze einige Tage ziehen lässt. Das sieht in einer schönen Flasche nicht nur gut aus, es gibt Ihren Gerichten auch eine scharfe Note.
- Perilla wird auch Chinesische Melisse genannt. Man kann neben den grünen Blättern auch die Sprossen und Blüten verwenden.

Süße Träume

Exotische Gemüse und Früchte eignen sich ganz besonders gut zur Zubereitung von süßen Schlemmereien, die jedes Mahl vorzüglich abrunden.

kochduell

Gelbwurzcrêpes mit Honigmarinade

Vanilleschoten halbieren und das Mark herauskratzen. Mit Honig, Zimt und Limonensaft verrühren und darin die geschälten Thai-Bananen 1 Stunde marinieren.
Die Kumquats mitsamt ihrer Schale achteln. Honig und Orangensaft verrühren und in einem kleinen Topf erhitzen. Die Kumquats darin 2 Minuten anschwenken.
Aus Mehl, Eiern, Zucker, Gelbwurzpulver, Salz und Kokosmilch einen glatten Teig rühren. In eine beschichtete Pfanne etwas Butterschmalz geben, erwärmen und aus dem Teig acht dünne Crêpes backen.
Zum Schluss die marinierten Bananen in die Crêpes einrollen und nochmals mit etwas Honigmarinade beträufeln.

Zubereitungszeit:
ca. 20 Minuten
zzgl. 1 Std. Marinieren

Tipp:

- Anstelle von Thai-Honig können Sie auch einen handelsüblichen flüssigen Honig verwenden.
- Farinzucker ist brauner Kandiszucker, ihn gibt es im Supermarkt.
- Kumquats sind Zwergorangen mit einem intensiven Aroma. Sie sind im Asialaden erhältlich.
- Anstelle des Orangensaftes können Sie Grand-Marnier verwenden.
- Das Tapiokamehl können Sie durch Speisestärke ersetzen.

(Für 4 Personen)

Für die Honigmarinade:
2 Vanilleschoten
2 EL Thai-Honig
1 Pr. Zimt
Saft von 1 Limone

8 kl. reife Thai-Bananen

Für die Crêpes:
4 Kumquats
2 EL Thai-Honig
2 EL Orangensaft
100 g Mehl (Typ 405)
1 EL Tapiokamehl
1 EL Reismehl
3 Eier
1 EL brauner Farinzucker
1 TL Gelbwurzpulver
1 Pr. Salz
250 ml Kokosmilch, ungesüßt
2 EL Butterschmalz

Durian mit Zimtzuckerkruste

(Für 4 Personen)

1 reife Durian
100 g Puderzucker
1 TL Vanillezucker
1 TL Zimt
2 EL Cognac

Durian schälen. Die einzelnen Lamellen herausbrechen und diese vom Kern befreien. Die Lamellen vorsichtig mit einem scharfen Messer in Scheiben schneiden und auf einer feuerfesten Platte anrichten. Puderzucker, Vanillezucker und Zimt mischen und auf die Durian streuen. Im Backofengrill bei Oberhitze etwa 3 - 4 Minuten bräunen. In der Zwischenzeit den Cognac leicht erwärmen und vor dem Servieren die Durian damit überziehen.

Zubereitungszeit: ca. 15 Minuten

Tipp:
- Dazu passt sehr gut Vanilleeis.
- Anstelle des Cognac können Sie Honig oder Sirup verwenden.

Thai-Flaschenkürbis-Eiscreme

(Für 8 Personen)

1 Flaschenkürbis (ca. 1 kg)
200 ml Rieslingwein
1 Pr. Zimt
Saft von 2 Orangen
Saft von 2 Limonen
150 ml Kokosmilch, süß
2 EL Grenadinesirup

Flaschenkürbis schälen und in kleine Würfel schneiden. Kürbis in Rieslingwein mit Zimt, Orangen- und Limonensaft im geschlossenen Topf 15 Minuten sehr weich garen. Vom Herd nehmen und pürieren. Danach Kokosmilch und Grenadinesirup untermischen und abkühlen lassen. In der Eismaschine nach Gebrauchsanweisung frieren.

Zubereitungszeit: ca. 40 Minuten

Mangostane-Grütze

Die Mangostane aus der Schale befreien und vorsichtig vom Kern lösen. Auf Tellern anrichten.
Gelatine in kaltem Wasser einweichen. Ananassaft zusammen mit Rum, Zucker und Batida de Coco erwärmen und die Gelatine zugeben. Kurz auf Eis stellen und abkühlen lassen. Vor dem Gelieren den Limonenabrieb unterziehen. Das Gelee über die Mangostane geben und mit den Kokosflocken bestreuen.

Zubereitungszeit: ca. 20 Minuten

Tipp:

- Anstelle des Batida de Coco empfiehlt sich als alkoholfreie Variante Kokosmilch.

(Für 4 Personen)

16 Mangostane
2 Blatt Gelatine
150 ml Ananassaft
100 ml Rum, hell
2 EL Zucker
100 ml Batida de Coco
Abrieb von 2 Limonen

Zum Garnieren:
1 EL Kokosflocken, geröstet (Fertigprodukt)

Dattelvariation in asiatischem Müsli

Die Datteln entkernen und in kleine Würfel schneiden. Einen Teil der Pfefferminze fein hacken, den Rest zum Garnieren zur Seite legen. Datteln und Pfefferminze mit den restlichen Zutaten vermischen und 30 Minuten ziehen lassen. Alles in Schälchen anrichten und mit Pfefferminze dekorieren.

Zubereitungszeit: ca. 40 Minuten

Tipp:

- Sie können sowohl rote als auch schwarze oder gelbe Datteln verwenden.

(Für 4 Personen)

150 g getrocknete Datteln
2 Zweige Pfefferminze
150 g Haferflocken
200 ml Milch
100 g Kefir
1 Msp. Ingwerpulver
1 Msp. Sternanispulver
50 g Thai-Honig

kochduell

Wasserkastanien in Zuckerrohrsirup auf Eis

Ingwer schälen, Zitronengras in grobe, schräge Stücke schneiden. Lassen Sie beides zusammen mit dem Rohrzucker in dem Wasser für 5 Minuten leicht köcheln. Inzwischen die Chilischote leicht zerdrücken und mit in den Sud geben. Dann die abgetropften Wasserkastanien zugeben und nochmals 15 Minuten ziehen lassen.
Mit etwas Zuckersirup und Crasheis in einer Schale anrichten und mit Pfefferminze dekorieren.

Zubereitungszeit:
ca. 25 Minuten

(Für 4 Personen)

50 g frischer Ingwer
1 Stk. Zitronengras
200 g Rohrzucker
200 ml Wasser
1 rote Chilischote
600 g Wasserkastanien aus der Dose (netto)
120 g Crasheis

Zum Garnieren:
Zuckerrohrsirup
1 kl. Bd. Pfefferminze

kochduell

Kochbanane vom Barbecue-Grill

Knoblauchzehen pressen. Kaffirblätter klein schneiden. Aus allen Zutaten eine Marinade herstellen.
Die Bananen vorsichtig mitsamt der Schale mit einem Fleischklopfer etwas plattieren und in der Marinade 3 - 4 Minuten liegen lassen. Aus der Marinade nehmen und auf dem Grill ca. 10 Minuten garen. Danach die Schale entfernen und die Bananen mit der restlichen Marinade servieren.

Zubereitungszeit:
ca. 20 Minuten

(Für 4 Personen)

Für die Marinade:
2 Knoblauchzehen
4 Kaffirblätter
Saft von 2 Kaffirlimetten
1 TL Madras-Currypulver
1 Msp. geriebene Muskatnuss
1 Msp. Kardamompulver
1 EL Olivenöl

8 schöne Kochbananen

Tempura von Okraschoten in Orangensud

(Für 4 Personen)

1 Paket Tempuramehl
100 ml kaltes Wasser
1 EL Palmzucker, zerstoßen
1 EL Thai-Honig
abgeriebene Schale von 2 Limonen
1/2 l Sojaöl
16 lange grüne Okraschoten

Für den Sud:
Schale von 2 unbehandelten Orangen
Grenadinesirup
1/2 l Orangensaft, frisch gepresst
1/2 TL Kardamompulver, mild
1 Zimtstange
2 Sternanis
1/2 Päck. Vanillepuddingpulver

Zum Garnieren:
etwas frische Pfefferminze

Tempuramehl mit dem kalten Wasser zu einem glatten Teig verrühren. Die restlichen Zutaten untermischen und das Öl erhitzen. Danach die geputzten Okraschoten durch den Teig ziehen und im heißen Öl knusprig ausbacken.
Die Schale der Orangen in hauchdünne Streifen schneiden, ca. 2 Minuten wässern und in Grenadinesirup einige Minuten garen. Danach abschütten. Nun alle Zutaten in dem Orangensaft erhitzen und ca. 10 Minuten köcheln lassen. Das Vanillepuddingpulver nach der Packungsanweisung anrühren und den Saft damit cremig abbinden.
Zum Schluss den Sud mit den Okraschoten anrichten und mit Pfefferminze dekorieren.

Zubereitungszeit: ca. 25 Minuten

Tipp:
- Der Sud kann kalt oder warm serviert werden.
- Anstelle des Thai-Honigs können Sie auch den handelsüblichen Flüssighonig verwenden.
- Je nach Süße des Orangensaftes zusätzlich etwas Zucker zugeben.
- Palmzucker wird aus dem getrockneten Saft der Palmherzen gewonnen und ist im Asialaden erhältich.

Über den Autor

Rainer Mitze
geb. am 11. Januar 1947

Beruflicher Werdegang:

- Ausbildung im Hotel Rosenhaus in Velbert
- Alexander Restaurant in Wuppertal
- Hotel Bermudiana auf den Bermudas
- Stellvertretender Küchenchef im Oriental Hotel in Bangkok/Thailand
- Dusit Thani Hotel in Bangkok/Thailand
- Leiter des Vorstandsrestaurants und der Küche der Bayer AG in Leverkusen

Besondere Qualifikationen:

Jury-Mitglied der Culinary Arts Competion in Bangkok und Manila, 1996/97 und 1998/99
Dozent an Johann Lafers Kochschule Table d'Or, 1997 und 1998
Dozent im „Greystoke" Culinary Institute of America, Nappa Valley, USA, 1997, 1999 und 2000

Außerdem:

Galamenü für die UN in New York/USA, 1996 mit Johann Lafers und Mitgliedern der Bundesregierung
Galamenü im Oriental Hotel in Bangkok/Thailand 1996 u.a. mit Sir Peter Ustinov
Galamenü im Coco Reef Resort Tobago in Trinidad/West Indies, 2000
Galadinner im Bellaggio Hotel in Las Veags/USA, 2000
Galadinner für die Weltbank im Grand Hyatt Regency in Tampa, Florida/USA, 1999
Kulinarisches Festival „East meets West" in Bangkok/Thailand, 1995
Kulinarisches Festival „East meets West" in Burma, 1996/97
„Symphony of Salmon" im Glacier Brewhouse in Anchorage/Alaska, 1998
Kochschule und Galamenü auf der Karibiktour des Clubschiffes „Aida", 1999
Wochenend-Kochkurse mit Roy Yamaguchi im Princeville Resort Hotel Kauai auf Hawaii, 1998

Auszeichnungen:

2. Kikkoman Master 1991 und 1995

Sonstiges:

Rainer Mitze ist uns vor allem durch seine zahlreichen Fernsehauftritte – nicht nur im VOX-Kochduell – bekannt. Er hat außerdem verschiedene Berichte im „Gourmet Magazin" veröffentlicht. Nebenbei gibt er wunderschöne Kochkalender heraus.
Rainer Mitze hat seit 1990 seine zweite Heimat in Thailand und betreibt seit Januar 2000 sein Koch-College in Leverkusen.

Das Koch College

In Rainer Mitze's Koch College in Leverkusen kann man den Geheimnissen der Kochkunst auf die Spur kommen. In stilvollen Räumlichkeiten werden Kochkurse der besonderen Art angeboten: Hier zeigt Rainer Mitze Hobbyköchen seine kreative Kochkunst. Das Kursangebot umfasst sowohl die europäische als auch die asiatische Küche. Zudem werden Kochkurse für Kinder und Teenager angeboten. Wollen Sie einen Freund überraschen? Eine besonders nette Idee ist dann ein Kochkurs-Gutschein zum Verschenken.
Ein hauseigener Partyservice beliefert Ihre private oder geschäftliche Feier. Angeboten werden u. a. ein Asiatisches Büffet, Businesslunch, Brunch, Dinner und Cocktailempfänge.

Der neu eröffnete Gourmet-Shop hat donnerstags und freitags von 15 bis 17 Uhr geöffnet.

Adresse:
Rainer Mitze's Koch College
Dönhoffstr. 19
51373 Leverkusen
Telefon: 02 14/840 50 80
Fax: 02 14/840 50 81
E-Mail: rm-kochcollege@t-online.de
Mehr Informationen im Internet unter:
www.garcia.de/mitze

Versandhandel

www.home.t-online.de/home/Toko-Jakarta
Toko Jakarta – Asiatische Feinkost
Gustavstr. 16
50937 Köln
Tel.: 02 21/41 28 38
Fax: 02 21/420 13 14
E-Mail: Toko-Jakarta@t-online.de

www.mabuhay-asiashop.de
Asiatische Lebensmittel, Porzellan und Küchenzubehör
Poeltnerstr. 26
82362 Weilheim
E-mail: MABUHAY-Asienshop@t-online.de

www.asienversand.de
Asiatische Lebensmittel und Küchenzubehör
Asienversand Silkroad
Postfach 201130
53141 Bonn
Telefon: 02 28/37 48 05
Fax: 02 28/37 48 06
E-Mail: webmaster@asienversand.de

www.maimai.de
Asiatische Lebensmittel und Küchenzubehör
Abakus Handelsgesellschaft
Nordermarkt 4
24937 Flensburg
Telefon: 04 61/2 17 64
Fax: 04 61/18 16 06
E-Mail: info@maimai.de

Meine Favoriten:

Schon seit vielen Jahren arbeite ich mit Firmen zusammen, deren Produkte ich in der asiatischen Küche sowohl privat, als auch bei der Arbeit verwende. Wegen ihrer besonderen Qualität empfehle ich sie als meine persönlichen Favoriten gerne weiter – so runden Sie Ihre „Asiatischen Gemüse" gekonnt ab.

Kikkoman-Sojasaucen: Japanische Tradition, Ästhetik und raffiniertes Essen. Seit mehr als 300 Jahren begeistern die Kikkoman-Sojasaucen Millionen von Menschen rund um die Welt. Sojasaucen ergänzen Ihre Speisen in unvergleichlicher Weise und runden den Geschmack z.B. im Rezept auf Seite 61 ab. Mit vielen schönen Ideen von Kikkoman können Sie tief in die Welt der japanischen Küche eintauchen. Man bekommt sie in allen Supermärkten oder unter www.kikkoman.de.

Flora Frey-Sämereien: Im eigenen Garten oder auf dem Balkon selbst gezogene Gemüse, Sprossen oder Gewürzkräuter haben einen besonders intensiven Geschmack und verfeinern nicht nur die asiatische Küche, z. B. im Rezept auf S. 95.
Seit 100 Jahren liefert Flora Frey Sämereien von Gemüsen, Kräutern und Sprossen für Garten und Balkon. Es gibt die Flora Frey Sämereien in vielen Gartencentern und Baumärkten, oder unter www.florafrey.de.

Der BAF-Wok lässt die Herzen aller Freunde der asiatischen Küche höher schlagen. Er wird von Hand aus Aluminium gegossen und ist innen mit TITAN-Hartgrund versiegelt. Die Hitze wird aufgrund des extra starken Bodens und der Wandung hervorragend gespeichert. So gelingt Ihr asiatisches Menü garantiert. Diesen Wok von meisterhafter Qualität gibt es bei BAF Industrie- und Oberflächentechnik, Umpfenstr. 18, 36452 Fischbach.

Sollte das Kochen einmal ausfallen müssen – mangels Zeit oder Könnens – sind die thailändischen **Fertiggerichte von Sai Thai** zu empfehlen. Sie werden nach traditionellen Rezepten in Thailand produziert und bestehen – das ist bei Fertiggerichten selten – ausschließlich aus natürlichen Zutaten. Besonders gut schmecken sie, wenn man sie mit frischem Gemüse oder zusätzlichem Hühnerfleisch verfeinert.

Thailands führende Premium-Biermarke **Singha-Beer** aus der Boon Rawd Brewery in Bangkok wird seit langem weltweit exportiert. Singha-Beer gibt es in zwei Varianten: das vollmundige Singha-Lager (6% vol.) mit einer angenehmen Hopfennote sowie das leichtere Singha-Gold (4,8% vol.). Singha-Gold wird für den europäischen Markt seit einiger Zeit auch in Sachsen gebraut. Beide sind die idealen Begleiter für die facettenreiche asiatische Küche.

Die kreativen Porzellanideen der **KAHLA/Thüringen Porzellan GmbH** sorgen für die richtige Optik auf Ihrem Tisch. Denn die vielseitig einsetzbaren Formen der Geschirrteile von KAHLA sind ideal für die variantenreichen asiatischen Köstlichkeiten. Ob stilechter Asialöffel, Reisschale oder Essstäbchenbank – KAHLA bringt fernöstliches Flair auf den Tisch. Farbenfrohe Dekore runden den Zauber Ihrer Kreationen ab, da schmeckt alles noch einmal so gut!

Register

If you like
Thai food,
taste
SINGHA
beer.
GOLD
SINGHA
SINGHA
SINGHA. Thailand's favourite beer.
ingha (Germany) GmbH 22587 Hamburg
el.: 040-8 66 65 50 Fax: 040-8 66 35 95

Sai Thai®
TRADITIONAL THAI CUISINE
Sai Thai Fertiggerichte werden in Thailand nach traditionellen Rezepten und mit ausschließlich natürlichen Zutaten und Gewürzen zubereitet
Sai Thai
GREEN CURRY
GREEN CURRY
RED CURRY
YELLOW CURRY
MASSAMAN
Thai Curries mit Hühnchenfleisch und Jasminreis
Sai Thai
TOM KAA GAI
TOM KAA GAI
Kokosnusssuppe mit Hühnchenfleisch
Sai Thai
PAD THAI NUDELN
PAD THAI NUDELN
mit Hühnchenfleisch und Gemüse
100% natürliche Zutaten
Sai Thai Gerichte sind frei von Glutamat, Verdickungs- und Konservierungsstoffen
B.B. Group Company (Germany)
Tel. 040-86 66 76 12 Fax 040-866 35 95